Reinhilde Natterer

Schwindelfrei

Eine Frau
will ganz nach oben

WILHELM HEYNE VERLAG
MÜNCHEN

HEYNE SACHBUCH
Nr. 19/2016

BILDNACHWEIS

Alle Fotos aus dem Archiv der Autorin
bzw. der Familie Natterer,
außer den mit Fotovermerk bezeichneten.

Taschenbuchausgabe
im Wilhelm Heyne Verlag GmbH & Co. KG, München
Copyright © 1990 by nymphenburger
in der F. A. Herbig Verlagsbuchhandlung GmbH, München
Printed in Germany 1993
Umschlagfoto: Hans Rauchensteiner
Umschlaggestaltung: Atelier Adolf Bachmann, Reischach
Satz: Fotosatz Völkl, Puchheim
Druck und Verarbeitung: Ebner Ulm

ISBN 3-453-06021-0

Inhalt

Allein und im Winter
Der Blassengrat 9

»Eigene Berge?«
Ein Hauch der alten Zeit 22

Vom Sport dispensiert
Eine unsichere Zukunft 25

»War das Mädel auch dabei?«
Eine richtige Klettertour 32

»Du bist ein Bewegungstalent«
Mein großes Geheimnis 45

Auf einen Schlag berühmt
Das Matterhorn 55

»Herr, laß ein Wunder geschehen«
Die Dufour-Spitze 66

»Du wirst nicht immer Glück haben«
Der Traumberg 82

»Hallo, Bergfee, kommst mit?«
Kletterfahrten 87

Ein Ruine
Biwakschachtel am Hochjochgrat 98

»Wir fahren zum Walkenpfeiler«
Die Freude ist weg *109*

Wie ein Geschenk
Die Badile-Nordostwand *139*

»Zeig, was du kannst«
Die Philipp Flamm *146*

»Heute geht alles gut«
Die Les Courtes-Nordwand *146*

Um Millimeter
Steinkarspitze Südost-Grat *170*

»Die Felle sind weg«
Mit Geli zum Montblanc *182*

»Ich muß unbedingt hin«
Fahrt in den Himalaja *196*

»Eines Tages werde ich zurückkehren«
Der Everest *220*

Vorwort
zur Taschenbuchausgabe 1993

Schwindelfrei ist meine ganz persönliche Geschichte als Bergsteigerin und als Frau.
Aufgewachsen bin ich mit elf Geschwistern auf dem Einödhof meiner Eltern im Allgäu. Dort fing alles an, auch meine Begeisterung und meine Leidenschaft für die Natur und die Berge. Als ich mit 14 Jahren nach einer schweren Krankheit das Lungensanatorium in Wangen im Allgäu verließ, war meine Sehnsucht nach Freiheit größer als je zuvor.
Ich ging in die Berge, immer und immer wieder, bestieg die ersten Viertausender im Wallis, kurze Zeit später die ersten schweren Nordwände in Chamonix. 1991 bestieg ich das 7100 m hohe Nordcol am Mount Everest, alleine und ohne Hilfe von Expeditionskameraden oder Sherpas. Meine Freunde erwarteten mich bei der Rückkehr auf 6400 m Höhe, aber in der ganz großen Höhe mußte ich mich alleine durchkämpfen.
Das Wichtigste am Bergsteigen ist, zu überleben. 1992 habe ich zwei sehr gute Freunde verloren. Manchmal denke ich, man müßte aufhören, auch, weil es wichtig ist, die Natur zu schützen und zu bewahren. Aber niemand von uns gibt auf, man klettert einfach weiter, auch wenn die Angst vor dem Berg noch so groß ist ...

Reinhilde Natterer

Allein und im Winter – Der Blassengrat

Der Himmel ist durchsichtig blau. Die Mittagshitze hat den Schnee pappweich gemacht. Da ich keine Skier dabei habe, sinke ich bei jedem Schritt bis an die Knie ein. Ich fluche leise, betrachte mißtrauisch die gestern und heute abgegangenen Lawinen. Manchmal höre ich ein dumpfes Krachen, doch ich kann die abfallenden Schneemassen nie sehen, irgendwo im dunklen Höllental gehen sie runter.
Mein Ziel für heute ist die Stuibenhütte. Ausgangspunkt für eine Winterbegehung des viertausend Meter langen, zu dieser Jahreszeit äußerst schwierigen Blassengrates.
Der Blassengrat ist eine Herausforderung für jeden guten Bergsteiger. Besonders im Alleingang. Und ganz besonders mitten im Winter. Irgendwo im Hinterstübchen sitzt der Gedanke, es zu versuchen. Alleine, als Frau. Geht das? Der Blassengrat kann verteufelt schwer sein – verschneit, vereist, überwächtet. Der wahnwitzige Gedanke löst sich auf wie eine Nebelfahne in einer Windböe. Nein, es ist zu riskant. Die Kälte, die Einsamkeit, die technischen Schwierigkeiten. Nein, es geht

nicht. Keinesfalls allein. In Gedanken versunken, erreiche ich die Hütte.
Ich sitze am Fenster. Die Sonne verschwindet gerade, da betritt ein Mann den Raum. Die Art, wie er auf mich zukommt, das Lockere, Lässige in seiner Haltung, das geheimnisvolle, siegessichere Lächeln in seinen Augen, das alles läßt mich sofort erkennen, daß er die Tour im Wettersteingebirge gemacht hat. Da gibt es keinen Zweifel. Er kommt direkt vom Blassengrat. Allein – und im Winter.
Ich höre ihn reden, mal leise, mal lauter, begeistert, dann ernst, wenn er von den Schwierigkeiten erzählt. »Die Verhältnisse sind gut, viele Stellen vereist, man muß aufpassen«, erzählt er. Und ich bin mit meinen Gedanken nicht mehr auf der Hütte, sondern klettere schon dort, wo er herkommt. »... die Abseilstelle nicht verpassen, es geht steil runter«, höre ich seine Stimme wie aus weiter Ferne.
Plötzlich fragt mich Norbert, der schon die ganze Zeit neben mir sitzt, ob ich morgen mit ihm den Blassengrat machen will. Ich stimme zu, obwohl mein Plan für den Alleingang schon feststeht.
Noch in der Nacht stehe ich auf, schleiche aus dem Schlafraum, gehe nach unten. Ich setze mich auf die Treppe, binde meine Schuhe. Minuten später stehe ich draußen in der Kälte.
Die Stirnlampe beleuchtet meinen Weg, als ich den Hang ansteige. Links sind Latschen, vereist, der Schnee ist beinhart. Ich bleibe wiederholt stehen, keuche. Irgendwo muß die Drahtseilsicherung sein. Von dort

geht es ein Stück in die Tiefe. Ich finde die Sicherung nicht sofort, suche, leuchte den Hang ab, so gut es geht. Endlich entdecke ich die Stelle. Ich fasse das kalte Metall an und steige hinab in den dunklen Schlund. Das Stück ist eisig und steil. Ich bin erleichtert, als es unten wieder flach wird.
Die Sterne funkeln. In Richtung Einstieg steilt sich der Weg wieder auf, glatt und eisig. Entschlossen haue ich meine Schuhe in die harte Schneedecke. Es geht, denke ich. Aber geht es wirklich gut?
Als ich eine Gruppe schwarzer Felsen erreiche, versteckt sich der Mond hinter einer Wolke. Ich begreife in diesem Augenblick noch nicht, was das zu bedeuten hat. Fasziniert schaue ich dem Spiel der Natur zu.
Und wenn ich wieder umkehren würde? Zurück in den Raum mit den vielen Menschen? Nein! Hier ist es einfach schöner. Ich steige in die verlockenden Felsen ein. Jetzt habe ich die Menschen verlassen. Außer mir traut sich keiner in der Nacht auf den verschneiten, auf beiden Seiten tausend Meter abfallenden Blassengrat.
Der Fels ist brüchig, immer wieder fällt ein Brocken in die Tiefe, ich lausche in die Finsternis, obwohl ich weiß, daß ich keinen Aufprall hören werde, weil es viel zu weit hinabgeht. Eine Querung nach links, verschneit, steil, abschüssig. Vorsichtig haue ich einen Fuß in den mit Schnee überzogenen Felsen. Der Stein hält, der Schuh hat einen festen Punkt, aber für Sekunden bin ich ausgesetzt, schwebe vollkommen im Nichts.
Ich steige, krieche und taste mich vorwärts. Manchmal denke ich an die Tiefe links und rechts von meinem ein-

samen Weg. Dann bleibe ich stehen, umarme einen Felsen, er wird mir zum Freund in dieser himmlischen Nacht.
Der Fels hört auf. Ich stehe vor einem Abgrund, es geht einfach nicht mehr weiter. Bis mir die Worte des Mannes aus der Hütte einfallen. Die Abseilstelle! Ich finde sie. Ich fädle das rote Nylonseil durch den Haken und schaue in die Tiefe, in der die Leine verschwindet. Hoffentlich hält der Haken, denke ich. Aber warum sollte er nicht halten? Mir ist noch nie ein Haken ausgebrochen! Daß ich auch noch nie ein solches Unternehmen allein gewagt habe, diesen Gedanken unterdrücke ich.
Ich gleite am Seil in die Tiefe, schwebe im Nichts. Wenn das Seil nicht reicht? Und wenn ich auf die falsche Seite abgeseilt habe? Da sehe ich endlich das rettende kleine Stückchen Metall, den zweiten Haken, das Zeichen dafür, daß ich auf dem richtigen Weg bin. Ich atme auf. Ich nehme, frei am Seil schwebend, Kurs auf den Standplatz im Fels und erreiche ihn.
Von hier aus will ich das Seil abziehen, aber es hängt oben fest und läßt sich nicht herabholen. Vorsichtig lehne ich mich ein wenig heraus, ziehe wieder am Seil. Unversehens kommt es auf mich zugeschossen. Erleichtert fädle ich es durch den zweiten Haken. Und jetzt ertappe ich mich dabei, daß ich mit dem Seil und dem Haken, an denen mein Leben hängt, rede.
Es geht abermals runter, diesmal noch haltloser, noch wilder. Ich schicke ein Stoßgebet zum Himmel. Irgendwann lande ich wieder am Grat, ausgesetzter, steiler, gefährlicher als je zuvor.

Wie soll ich das Seil jemals abziehen können?
Langsam beginnt die Dämmerung. Im ersten Licht kann ich auf beide Seiten hinuntersehen. Die Steine sind immer noch schwarz und überhängend, wo sie hart abbrechen, und da, wo sie etwas flacher sind, liegt überall Schnee.
Oben im schwachen Wind baumelt das Seil. Mich fröstelt. Ich gebe mir einen Ruck, balanciere auf dem Grat und fasse mein Seil, ziehe daran. Es geht mühelos ab. Ich setze mich vorsichtig auf einen der abschüssigen Felsen und hole mein Seil ein.
Vor mir bäumt sich der Grat senkrecht auf. Ich betrachte fasziniert, wie rings um mich im Licht alles neue Formen annimmt. Ich komme mir vor wie eine Schlafwandlerin, die gerade aus ihrem Traum aufgewacht und zum erstenmal mit der Wirklichkeit konfrontiert wird. Weit unten steigt ein Gipfel aus dem Dunst des heraufziehenden Tages. Es ist wie ein Schauspiel. Der Berg, der Grat, der Schnee, der Himmel, die Tiefe gehen ineinander über. Und mittendrin ein Winzling – ich.
Ich steige die steilen, glatten Felsen hoch, so wie ich es immer getan habe. Die Griffe werden kleiner und schließlich winzig, die Schwierigkeit wächst ins Unfaßbare. Der Fels ist überzuckert mit Eis, mit Schnee. Doch ich steige weiter, schaue mal nach unten, schaudere, spreize weit ins Leere. Zurück geht es nicht mehr.
Dann vor mir wieder der normale Grat. Die schweren Kletterstellen liegen hinter mir. Ein neues Leben. Ich klettere wieder, so wie sonst auf einer einfachen Tour. Ich spüre zum erstenmal Müdigkeit. Wie weit ist es

noch? Der Grat ist nicht überschaubar, Türme und Zakken versperren die Sicht. Ich kann nur die nächsten paar Meter ausmachen.

Die Tiefe liegt im sanften Dunst. Weit unten sehe ich Schneefelder. Ganz automatisch und aus einem sicheren Instinkt heraus baue ich mir ein Traumgebilde auf. Das Grau um mich verwandelt sich in eine tiefverschneite Gesteinsburg. Die heraufziehende Kälte summt in den Ohren, ich höre es, als wäre es Musik. Ich denke an den kleinen Berg neben unserem Haus, den ich als Kind hochgeklettert bin. Und mir gelingt die Selbsttäuschung: Ich fühle mich wie auf dem heimatlichen Berg, und es ist mir, als bräuchte ich nur hinunterzurennen und wäre in Sicherheit.

Mein Vorgänger hat Spuren hinterlassen. Sie weisen mir den Weg. Etliche Minuten lang. Dann kommt wieder ein Felszacken. Hier finde ich keine Fußabdrücke mehr. Ich klettere mit bloßen Händen in die Höhe, manchmal hauche ich meine Finger an, wenn sie vor Kälte fast erstarren. Dann bin ich am höchsten Punkt des Felsturmes. Ich muß erneut absteigen. Schnee löst sich, wenn ich auftrete. Der Fels ist gefährlich, brüchig. Kleine Lawinen gehen ab. Der Wind bläst in die Schneewächten, zaubert wirbelnde weiße Fahnen, die schon Sekunden später wieder in sich zusammensinken.

Plötzlich ist es windstill. Der Blassengrat zeigt sich von seiner besten Seite. Ich bin am leichtesten Stück angelangt. Zuversichtlich steige ich weiter, denke schon an das Ende dieser waghalsigen Tour.

Aber ganz innen spüre ich, daß diese Stille die Ruhe vor dem Sturm ist. Mißtrauisch schaue ich nach dem Wetter, doch es hat sich noch nichts angezeigt.
Der Grat ist abschüssig. Wieder krabble ich auf allen vieren. Und plötzlich fühle ich, daß sich etwas zusammenbraut. Unter mir brechen die Felsen endlos ab, und ich sitze auf dem farblosen Schnee, als es anfängt zu stürmen.
Der Himmel zieht sich zusammen, wird eine einzige undurchdringbare Wand. Wolken wirbeln aus dem Tal herauf. Und dann beginnt es auch schon zu schneien, wäßriger Schnee. Die Flocken lassen schwarze Rinnsale auf den Felsen entstehen, die gleich darauf zu Eis gefrieren.
Der Sturm fährt mir ins Gesicht, und ich denke, vielleicht dauert der Spuk nicht lange. Doch Minuten später ist alles überzuckert, die Felsen sind unbegehbar geworden. Der Wettersturz hat die Verhältnisse total verändert.
Der Wind wird stärker, rüttelt an mir, droht mich hinabzureißen. Ich halte mich mit beiden Händen fest, die Kälte frißt sich in meine Finger. Dann flaut der Sturm ab, hört auf. Es schneit nur noch. Ich stehe vorsichtig auf, steige ein Stück abwärts, alles ist rutschig. Mühsam suche ich mir einen Weg.
Nebel hat die Abgründe wieder verhüllt. Doch ich fühle, daß ich in höchster Gefahr bin. Der Sturm kommt unvermittelt wieder, wird zum Orkan. Verzweifelt klammere ich mich an den Fels. Ich kann nicht mehr weiter. Die Kälte gräbt sich in mein Ge-

sicht, ich schlage die eisigen Hände aneinander. Was soll ich nur tun?
Da erspähe ich eine Rinne, nur den Anfang davon. Mein Verstand sagt mir zwar, daß es keine Möglichkeit gibt zu fliehen, doch ein untrügliches Gefühl befiehlt mir, hier abzusteigen.
Der Schnee gibt nach, als ich den ersten Schritt in die Rinne setze. Ich halte mich instinktiv mit den Händen fest, klettere an den tiefverschneiten Felsen tiefer, verharre. Und wenn die Rinne unten abbricht? Dann muß ich die ganze Strecke wieder hoch und doch auf den wilden Türmen weitersteigen, um aus dieser Hölle vielleicht noch herauszukommen. Und wenn ich meine Kräfte vergeude, wenn es zum Schluß nicht mehr weitergeht?
An Biwakieren ist nicht zu denken. Das miese Wetter kann Tage dauern.
Um mich herum wird es dunkler, das Schneetreiben nimmt zu. Ich kann kaum die Hand vor meinem Gesicht erkennen. Der Sturm treibt Schneeböen in meine Rinne.
Krampfhaft halte ich mich an einem Felszacken fest. Meine Finger werden zu Eisklumpen, die Zehen tun weh. Ich bewege sie ständig, damit sie nicht erfrieren.
Ich spüre, wie mich der Mut verläßt. Daß ich mich mit allen Kräften dagegen wehren muß, ist mir sofort klar. Denn wenn die Verzweiflung überhand nimmt, bin ich verloren.
Der Orkan nimmt zu. Wie lange stehe ich hier schon? Ich muß eine Lösung finden. Entweder ich riskiere die

Rinne, was bedeutet, daß ich mich ins Ungewisse begebe, oder ich muß den Grat ganz durchsteigen, vorsichtig, Meter um Meter, ganz konzentriert. Es muß irgendwie gehen. Langsam werde ich mich in die Freiheit kämpfen!
Der Sturm peitscht Eis und Schnee in die Rinne, über und über bin ich bereits damit verkrustet. Ich stehe immer noch am gleichen Fleck, als der Wind mir meinen Namen zuträgt.
Ich erschrecke. Spinne ich?
Jetzt ist es also soweit. Ich muß auf der Hut sein, mich beeilen. Aber ich verharre – ganz steif und elendiglich frierend. Und wieder trägt mir der Sturm meinen Namen zu. Ist das vielleicht schon eine Halluzination?
Gleichmäßig schneit es weiter. Der Sturm braust. Eine Bergdohle taucht aus der Düsternis auf, setzt sich direkt vor meine Nase. Ob sie merkt, daß hier ein Mensch steht? Kurz darauf fliegt sie an mir vorbei in die Tiefe.
Ob sie mich vermissen, unten auf der Hütte? Ob mich überhaupt jemand vermißt? Retten können sie mich nicht bei diesem Wetter. Sie müssen warten, bis es besser wird. Das kann Tage dauern!
Ich muß selbst was tun, muß weiter, mit der nahenden Nacht um die Wette klettern.
Wieder höre ich einen Namen, es klingt dumpf durch den tobenden Sturm. Doch diesmal habe ich es genau vernommen. Nein! Die Natur hält mich nicht zum Narren. Irgendwo ist jemand, der mich angerufen hat. Aber wo?
Da steigt eine weißüberkrustete Gestalt über den Grat-

rücken. Ich wische mir die Augen. Das ist doch nicht möglich. Norbert!
Norbert ist da.
»Hilde!« schreit er in den Wind.
Doch ich kann nicht antworten, die Stimme versagt mir. Er schaut sich um, kann mich jedoch nicht erkennen. Wahrscheinlich bin ich schon zu verschneit. Ich hebe einen Arm, winke, doch dichte Nebelschwaden nehmen ihm für kurze Zeit die Sicht.
Er macht Anstalten weiterzuklettern. Jetzt rufe ich plötzlich seinen Namen. Norbert schaut, sieht mich zunächst immer noch nicht, doch endlich entdeckt er mich.
»Hilde!« In seiner Stimme klingt Erleichterung. Er steigt herunter zu mir. »Gott sei Dank habe ich dich gefunden!«
Dann ist er neben mir, und alle Angst fällt von mir ab. Ich kann nicht antworten, habe einfach keine Stimme. Ich berühre seinen Arm, wie um mich zu vergewissern, daß er es tatsächlich ist.
Norbert hatte mich frühmorgens beim ersten Licht in der Hütte gesucht, nicht gefunden. Als er ins Freie trat, entdeckte er mich zufällig als Punkt am Grat. Und ohne eine Sekunde zu zögern, war er mir nachgestiegen.
»Warum bist du allein gegangen?« fragt er. Ich kann es ihm nicht erklären. Oder soll ich ihm sagen, daß ich die Nacht so sehr liebe? »Ich kann einfach nicht schlafen, weißt du ...«
Wir stehen beieinander. Der Orkan braust. Norbert will den Grat noch ganz durchsteigen. Doch ich be-

stehe auf dem Abstieg durch die Rinne, zusammen schaffen wir das. Abseilen erscheint mir einfacher. Ihm auch.

Er seilt ab, nachdem er mich zuvor auf einen sicheren Standplatz gebracht hat. Die Verständigung ist schlecht, aber irgendwann ist das Seil leicht, ein Zeichen dafür, daß niemand mehr dranhängt. Ich folge ihm ins Nichts, über verschneite, überhängende Felsen. Steine und Eis fallen auf unsere Helme, als Norbert das Seil abzieht. Jetzt muß er einen Haken schlagen, eine Schlinge legen. Er muß den Haken so geschickt befestigen, daß das Seil dann vierzig Meter tiefer mühelos abgeht.

Norbert geht wieder als erster runter, erkundet. Der Schnee, die Nässe haben uns schon total durchweicht, das Seil ist schwer, eisüberkrustet. Norbert findet nicht gleich einen geeigneten Standplatz, hängt frei schwebend in den riesigen Dächern. Wasser tropft auf seinen Kopf. Ich schlottere am ganzen Körper und denke an ihn und bin sicher, daß er einen Weg findet. Norbert schreit, das Seil ist frei.

Durch die nasse Kleidung und das eisige Seil gibt es eine starke Reibung, es wird immer mühsamer, nach unten zu kommen. Schließlich sehe ich Norbert. Er ist scharf nach links gependelt. Ich erreiche seinen Standplatz. Das Gelände ist jetzt nicht mehr überhängend. Wir müssen abklettern, doch wir haben nicht genug Haken dabei. Die Kälte läßt unsere Kleidung sofort gefrieren, macht sie zu einem Panzer.

Das Seil wird immer steifer. Wir müssen nach unten

kommen. Eine Nacht in diesen Felsen, bei diesem Sturm, wäre tödlich.
Norbert kommt nachgeklettert, von unten und von mir gesichert. Er darf sich keinen Ausrutscher erlauben. Ich hingegen, von oben gesichert, kann schon mal ins Seil fallen. Norbert geht ruhig, konzentriert, setzt Arme und Beine geschickt ein.
Unsere Augen brennen, die Lippen sind aufgerissen, wir reden nichts mehr, nur noch die Seilkommandos. Die Finger bluten. Wir kämpfen wie zwei verletzte Tiere ums Überleben. Der Nebel reißt für Sekunden auf, wir können die nächsten Meter des Abstiegs sehen. Wieder legen wir Schlingen, denn hier bricht das Gemäuer abrupt ab.
Hoffentlich haben wir genug Haken ...
Diesmal läßt sich das Seil nicht abziehen, als wir endlich nebeneinander stehen. Norbert muß wieder hochklettern, denn ohne Seil wären wir hoffnungslos verloren.
»Paß auf!« schreit Norbert von oben. Er hängt unter einem Kamin, zieht am Seil, schwer und naß kommt es herabgeschossen. Ich hole es ein. Es macht uns längst nichts mehr aus, wenn Eisbrocken an uns vorbeischießen oder auch mal treffen. Wir sind gefühllos geworden, kennen nur noch ein Ziel: nach unten, raus aus dieser Hölle!
Der letzte Haken, wir sagen nichts. Norbert seilt wieder ins Bodenlose, in das weiße Nichts. Der Sturm kann uns hier nicht mehr soviel anhaben, auch die Kälte nimmt mit jedem Meter ab, den wir tiefer kommen. Mit der letzten Seilschlinge erreicht Norbert festen Boden.

Er steht unverhofft auf einer weiten Schneefläche. Oben weiß ich noch nichts von unserem Glück, seile ihm blind hinterher.
Das Seil baumelt gespenstisch an den Felsen, schlägt an die eisigen Mauern, gibt ein monotones Geräusch von sich.
Wir sind gerettet. Schneefahnen wirbeln in die Luft, überschlagen sich, lösen sich auf in nichts.

»Eigene Berge?« – Ein Hauch der alten Zeit

Seit Tagen hat es geschneit.
Der Schnee reicht jetzt bis an die Fensterscheiben. Der Wind hat aufgehört zu singen, und es ist jetzt sehr ruhig. So ruhig, daß man das Vibrieren der Drähte an den Telegrafenmasten hören kann.
Einsam liegt unser Haus auf einem kleinen Berg. Wenn die Nebelschwaden an grauen Tagen drüberziehen, ist es, als wäre es eine kleine Festung, eine Burg.
Fünfzehn Menschen wohnen hier in dieser Burg, zwölf Kinder, eine Großmutter, ein Mann und eine Frau, die Eltern. Es ist ein kleiner Allgäuer Bauernhof, mitten in der Einöde, umgeben von Wäldern, von Wiesen, von geheimnisvollen Mooren.
Vaters Augen blicken in die Ferne, seine Gedanken sind weit weg. »Es war ein Tag wie dieser«, erzählt er, und seine verarbeiteten schwieligen Hände stützen sich auf einen alten Holzstuhl. »An einem solchen Tag sind wir in ein Holzchalet auf unsere eigenen Berge hinauf. Es war weit über dem Tal, dieses schöne Holzhaus.«
»Eigene Berge?« fragt eines von uns Kindern, und alle haben erstaunte Augen.

»Meinem Vater, eurem Großvater, gehörten sie.«
Dann erzählt er weiter: »Wir sind auf Pferden hochgeritten und haben in einem schönen alten Ofen Feuer gemacht. Auch in die stille Natur haben wir gelauscht. Es waren viele uralte Bäume auf diesem Berg.«
»Ob das stimmt, was unser Vater erzählt hat?« frage ich meine Schwester. »Hatte unser Großvater tatsächlich einen eigenen Berg und ein Haus?«
»Ich glaube schon«, sagt sie.
An einem Abend, als es draußen wieder stürmt, sitzen wir in der Wohnstube, dem einzigen geheizten Raum außer der Küche. Der Kachelofen gibt wohlige Wärme von sich, Äpfel schmoren.
»Das Haus, unser Haus, in dem wir wohnten«, sagt Vater, »das war sehr alt, von Generation zu Generation haben die Ahnen dort gelebt. Da standen alte Möbel, auch ein altes Himmelbett.«
»Warum gehen wir nicht einfach hin?« fragt eines der Kinder.
»Das geht nicht«, sagt er.
Meine Neugierde wächst. Ich möchte in dieses alte Haus gehen, möchte dort alles sehen.
»Wir hatten damals viele Leute im Haus, die mühselig die Felder an den steilen Berghängen bearbeitet haben. Ja, ich erinnere mich genau«, sagt er, »es war ein wunderschönes Haus, und wenn man aus dem Haus trat, konnte man die Berge sehen. Berge, die voller alter stiller Bäume waren.«
Ich habe den Eindruck, aber vielleicht täusche ich mich,

er weint. Obwohl ich keine Tränen sehe, ist mir, als würde er innerlich weinen.

Vater zieht an seiner Pfeife und pafft weiter, als wäre nichts geschehen, als hätte er nichts erzählt.

Es ist eine Mär, die Berge, seine eigenen Berge, sind eine Erfindung, denke ich. Genauso wie die Märchen in dem dicken Buch, das wir irgendwann zu Weihnachten bekommen haben. Doch die Geschichte läßt mich, besonders nachts, nicht mehr los.

Als der Schnee geht, als die Föhnwinde die eisigkalte Schneedecke im Nu wegblasen, mache ich mich schließlich auf den Weg. Ich gehe zu den Bergen meiner Urahnen, um alles zu finden, was ich im Winter erfahren habe. Mein Bruder begleitet mich.

Es ist alles so, wie mein Vater erzählt hat. Lange gehen wir durch den uralten Wald. Auch der Wind singt schön, wie wir ihn selten gehört haben.

Das Haus steht nicht mehr, es ist abgebrannt. Doch ein Hauch der alten Zeit liegt noch in der Luft.

Damals kann ich noch nicht wissen, wie sehr mein Vater innerlich damit beschäftigt ist, wie sehr es ihm nahegeht.

Vom Sport dispensiert – Eine unsichere Zukunft

Zuerst denkt sich niemand etwas dabei: In unserer Schule wird ein Fall von offener Tuberkulose festgestellt. Für uns Kinder ist das ungefähr so, als wenn irgendwo in einem Kuhstall eine Seuche festgestellt wird. Manchmal war das schon vorgekommen, die Eltern hatten ernst davon gesprochen.
Wir werden alle untersucht. Als ich weiß, daß es auch mich erwischt hat, bricht für mich eine traurige Zeit an. Ich darf nicht mehr zur Schule, sondern muß mit drei anderen Mädels in ein Krankenhaus auf die Isolierstation.
Erst ist alles noch sehr spannend, weil es neu ist, weil wir es noch nicht kennen. Mir wird gar nicht bewußt, tatsächlich krank zu sein, weil mir ja auch nichts weh tut. Nur müde bin ich häufig.
Die Ärzte sagen mir, daß ich mich schonen muß, daß ich mich nicht anstrengen darf, nie wieder. Wie die anderen Kinder, die sich angesteckt haben, würde ich nie mehr ganz gesund werden, nie mehr Sport treiben können. Die Berge und die Freiheit sind zu etwas Unerreichbarem, zu etwas ganz Kostbarem geworden.

Während ich den ganzen Tag im Bett liege – Besuch dürfen wir alle in den ersten Monaten keinen empfangen –, denke ich an mein bisheriges Leben. Ich bin jetzt vierzehn Jahre alt, habe keine Ahnung, wie das weitergehen soll. Meine Zukunft ist unsicher.

Die Tage sind eintönig, wir streiten ein wenig, da es uns langweilig ist. Jetzt, wo ich in diesem Krankenzimmer eingesperrt bin, erscheint mir mein bisheriges Leben auf der Einöde als paradiesisch. Jetzt, wo ich das alles verloren habe.

Nach vier Wochen kommen wir in ein richtiges Sanatorium. Nachdem mein Befund auf geschlossene Tuberkulose lautet, stehen mir neun Monate Aufenthalt in einer Kinderklinik bevor.

Meine Stimmungen wechseln, aber eigentlich komme ich mir vor wie in einem Gefängnis. Meine Haupttätigkeit besteht aus Schlafen. Mittags, abends, ich fühle die Krankheit nicht und komme mir betrogen vor, da nur ein Röntgenbild mir bestätigt, daß meine Lunge nicht in Ordnung ist.

Von zu Hause bekomme ich immer Besuch: von meiner Mutter, dem Vater, den Geschwistern. Manchmal kommen auch Ansichtskarten von Helmut, meinem Bruder. Er ist kerngesund und geht auf schneebedeckte Berge. Der Himmel auf den Karten ist strahlend blau, und es sind tiefvermummte Gestalten abgebildet.

Je mehr ich geschont, gepflegt und gepäppelt werde, um so größer wird mein Drang, auch das zu haben, was andere Kinder haben: die Freiheit, herumzurennen, in die Berge zu gehen, Sport zu machen. Wie lange habe

ich nicht mehr mit meinen Geschwistern »Räuber und Gendarm« gespielt? Oder wie lange war ich nicht mehr beim Schwimmen, einer meiner Lieblingsbeschäftigungen nach der Heuernte?
Nach neun Monaten ist alles vorbei. Als ich die Klinik verlasse, bin ich spindeldürr und stehe sehr schwach auf den Beinen.
Sport wird mir von den Ärzten verboten, und in die Sonne darf ich auch nur noch in einem T-Shirt. Wenn die anderen bei der Heuernte sind, liege ich im Bett, weil ich mich noch schonen muß. Vater schimpft, weil für die schwere Arbeit auf dem Feld jede Hand gebraucht wird.
Ich will ihm helfen. Dieses Wollen hilft mir weiter, bringt mich wieder in die richtige Bahn. Bald renne ich wieder draußen herum, spiele mit meinen Geschwistern, gehe an den Moorweiher zum Baden.
Wir feiern die Schulentlassung, ich bin fünfzehn Jahre alt, und Mama hat mir ein hübsches gelbes Kleid gekauft. Alle bewundern mich. Sie sagen, ich sähe aus wie eine Schauspielerin oder wie ein berühmtes Fotomodell.
Ich selbst bin mir meiner selbst noch nicht so sicher. Meine Brüder lachen mich aus. Sie sagen, daß ich zu groß und zu dürr bin.
Zur Feier des Tages geht Helmut mit mir zum Bergsteigen. Wir haben uns die Widdersteinhütte zum Ziele gesetzt, eine Berghütte in den Allgäuer Alpen.
Mein Bruder ist durchtrainiert und stark. Als ich hinter ihm hergehe, habe ich das Gefühl, es ihm nie gleichtun

zu können. Dieses Bergaufgehen ist mir jetzt noch zu anstrengend.

Je höher wir kommen, um so mehr tut sich mir eine völlig neue Welt auf. Da gibt es Blumen, die ich vorher noch nie gesehen habe, Tiere, die mir fremd sind, und ruhig und massiv stehen da Felswände da, so wie sie zu Urzeiten dagestanden haben.

Meinem strapazierten Körper tut diese Welt gut. Ich atme frei, so frei, wie schon lange nicht mehr. Hier darf ich alles tun: ich darf stark sein – ich muß es sogar; ich darf rennen und laufen – wenn ich gut genug bin; ich darf aber auch müde und erschöpft sein.

Von diesen stillen Felswänden geht eine ruhige Kraft aus. Als es anfängt zu dämmern, sind wir immer noch unterwegs. Da haben sich die Felsen umgewandelt, sie sind nicht mehr grau, sondern ein feiner rötlicher Schleier liegt zart über der rauhen Landschaft. Ich bin so müde geworden, daß ich mich hinsetzen will, um mich auszuruhen, doch mein Bruder treibt mich weiter und weiter.

Ich überwinde meine eigene Schwäche, ich überwinde meine Schwere, und als die erste Dunkelheit über uns hereinbricht, sind wir an einem See.

Ruhig liegt das Wasser vor uns da, und über die Felsmauern kommt leise der Wind. Es liegt so viel Harmonie und Ruhe in der Luft, daß ich stehenbleiben will, daß ich mir fast wünsche, zu Fels zu erstarren, um immer hier zu bleiben.

Wir haben unsere Unterkunft erreicht. Rauch kommt aus dem Kamin der Berghütte. Drinnen ist es laut, ich

höre Männerstimmen. Wir gehen hinein und trinken unsere aus Brausepulver gebrauten Getränke.
Nach einiger Zeit schleiche ich mich hinaus ins Freie. Die Nachtluft ist frisch, irgendwo in der Dunkelheit stehen die Felsen. Da fasse ich im stillen einen Entschluß, es ist wie ein Pakt mit den Göttern:
Ich werde ganz gesund werden, und ich werde mich auch nicht an das halten, was mir die Ärzte gesagt haben. Ich werde Sport machen, so gut und so viel, daß ich alle, alle Berge, egal wie schwer sie sind, besteigen kann.
Ich will gesund werden!
Zum erstenmal in meinem Leben bin ich mir meiner Sache vollkommen sicher. Es ist fast so, als hätten die Berge auf mich gewartet, und ich hätte sie gehört, ihr Rufen verstanden.
Der Schlafraum ist neben der Hütte. Mein Bruder schläft ruhig. Es sind etwa zwanzig Leute in dem Schlafsaal. Mit so vielen fremden Menschen in einem Raum habe ich noch nie geschlafen. So muß es wohl in einer Jugendherberge sein. Die Decken sind braun und schwer. Ich bin froh, nicht mehr das ewig weiße Leinen aus der Klinik zum Zudecken zu haben. Endlich wieder zu Hause, endlich ein großes Ziel ...
Als am nächsten Morgen das erste Licht durch die Ritzen der Balken blinzelt, sind wir schon auf den Beinen. Wir wollen über einen steilen Paß zurück ins Tal. Zum Frühstück essen wir die von zu Hause mitgebrachte Vesper, Schwarzbrot und eine harte Wurst.
Meine Füße sind durch die ungewohnte Anstrengung hinten aufgescheuert, die Zehen sind etwas wund.

Still und einsam stehen die Felsgebilde im Morgenlicht. Wie magnetisch fühle ich mich von ihnen angezogen. Auch Harmonie ist da, so, wie es zu Hause ist, wenn ich auf dem Sofa sitze, der Wind um das Haus heult und der Kachelofen bullert. Nur die Kulisse ist hier draußen großartiger und wilder.
Helmut erzählt, daß er auf einem Dreitausender war. In der Schweiz. Stürmisch und kalt sei es gewesen, nur sehr gute Alpinisten könnten dort hinauf. »Aus unserer Alpenvereinssektion waren etliche dabei«, fügt er noch hinzu.
Helmut kann immer alles ein wenig besser als ich. Auch in der Schule. Nun, er ist natürlich ein Bursche, und Burschen waren schon immer klüger und schon immer besser als die Mädels. So ist uns zu Hause immer wieder gesagt worden.
Zwangsläufig muß ich daran denken, während ich auf die Berge sehe. Da gibt es große und kleine, gutgeformte und plumpe ...
Der Schuh drückt entsetzlich. Ich ziehe ihn endgültig aus und gehe barfuß, so wie zu Hause auf den Wiesen. Die Sonne brennt jetzt sehr stark auf unsere Köpfe. Doch je länger ich gehe, um so mehr treten die Probleme, die ich mit meinem Körper, meiner Gesundheit habe, zurück. Immer weniger quälen mich die Erinnerungen an die Kinderklinik. Es ist fast so, als würden die schlechten Dinge in meinem Körper, in meiner Seele verdrängt, und Licht und Sonne durchfluten meinen Körper.
Als wir im Tal angekommen sind, nehmen wir einen

Bus und fahren nach Hause. Ein letztes Stück trampen wir, da der Bus auf dieser Strecke ganz selten fährt.

Ich besuche jetzt eine weiterführende Schule. Meine Eltern hatten diesem meinem Wunsch sofort zugestimmt. Dort sind alle tuberkulosekranken Mädels vom Sport dispensiert, obwohl die Krankheit ausgeheilt ist. Da ich erlebt habe, wie das ist, wenn man wieder gesund ist, sehe ich gar nicht ein, mich vom Sport fernzuhalten.
Ich melde mich einfach zu einem Sportfest an. Achthundert Meter ist die Strecke, die ich so schnell wie möglich laufen muß.
Obwohl ich überhaupt nicht trainiert habe, werde ich dennoch Zweite in diesem Wettbewerb.
Nachdem alles, was verboten ist, bekanntlich interessant ist, gehe ich, wenn ich Zeit habe, jetzt häufig in die Berge. Allmählich fühle ich mich ihnen gewachsen.

»War das Mädel auch dabei?« – Eine richtige Klettertour

Petra ist ein Mädel aus unserem Dorf, und mit ihr gehe ich hin und wieder in die Berge. Es ist an einem Freitag, und die Sonne scheint erbarmungslos auf unsere Köpfe.
Zu Hause haben wir das Heu eingefahren, vorläufig gibt es nichts zu tun, da erst wieder gemäht werden muß. So haben wir Zeit. Da wir kein Fahrzeug außer unseren Fahrrädern haben, entschließen wir uns zu trampen. Petra ist ein hübsches Mädel mit schwarzen Haaren und auch ein wenig Bergerfahrung. Wir werden schnell mitgenommen.
In Oberstdorf beginnt unsere Wanderung. Die Blumen wiegen sich im Wind. Sie sind so hoch, daß sie uns fast bis an die Köpfe reichen. Es riecht wie im Dschungel. So stellen wir uns den jedenfalls vor.
Nach jeder Wegbiegung ist es anders, tut sich ein neues Bild auf. Drüben liegt ein langes dunkles Tal. Wir gehen weiter und stehen bald in der Mitte der Talsenke. Von hier aus sieht alles wieder anders aus. In der Zwischenzeit ist die Sonne gewandert und scheint jetzt schräg in die stille Landschaft hinein. Als wir immer höher stei-

gen, kommen wir an einem geheimnisvollen hohen Berg vorbei.
Ob ich da wohl raufsteigen kann? Ich überlege mir das nur kurz, und dann ist mein Entschluß gefaßt. »Petra«, sage ich zu meiner Freundin, »wir steigen diesen Berg da hinauf.«
Als sie sehr bestimmt ablehnt, blicke ich sie fest an und sage zu ihr: »Ach komm, sei kein Hasenfuß! Komm doch mit, das sieht so schön aus und ist bestimmt nicht sehr schwer!«
»Nein! Geh du allein! Ich bleibe hier auf diesem Fleck stehen, so lange, bis du wiederkommst.«
»Gut«, sage ich, »wenn du willst, so warte. Ich komme bald wieder zurück.«
Sie bleibt zurück und winkt, während ich mich auf den Weg mache. Ich winke auch noch eine Zeitlang, aber bald kann ich sie nur noch als winzigen Strich ausmachen.
Ich bin jetzt allein. Ein herrliches Gefühl durchströmt mich. Die Vögel zwitschern so hell, wie ich sie vorher noch nie gehört habe. Auch die Blumen, habe ich das Gefühl, sind schöner und größer.
Ich komme mir vor wie ein Vogel, während ich hochsteige. Die Tiefe wächst unter mir. Petra wird sich jetzt hingesetzt haben und in den Himmel schauen.
Ich gehe, ohne einmal anzuhalten, mein Herz schlägt bis zum Hals. Der Weg wird steil und schmal, und ich setze die Füße vorsichtig einen vor den anderen. Weit und breit ist niemand.
Als ich oben am Gipfel ankomme, scheint die Sonne

freundlich und warm. Ich setze mich auf die Erde und atme ihren Duft und die glasklare Luft ein. Bald werde ich klettern gehen, denke ich mir.
Ich gehe den gleichen Weg wieder zurück. Petra hat sich nicht von der Stelle gerührt, so wie sie es mir versprochen hat. »Warst du oben? Hast du es geschafft?« fragt sie gespannt.
»Ja, es war herrlich. Der Wind da oben und die Sonne sind ganz anders als hier unten! Ich habe es gespürt, da oben ist alles größer und weiter.«
»Das freut mich«, sagt Petra, »daß du das so gesehen hast.«
Gemeinsam setzen wir unseren Weg fort. Einige Zeit darauf erreichen wir eine Hütte. An einem einfachen Holztisch essen wir unsere bescheidene Abendmahlzeit, die wir in unseren Rucksäcken verstaut hatten. Unwillkürlich erzähle ich Petra von den letzten Wochen.
»Das Bergsteigen tut mir gut«, sage ich zu ihr. »Ich bin wie ausgewechselt. Ich habe mich niemals gesünder und fröhlicher gefühlt. Die Berge haben auf mich eine magische Anziehungskraft, und es ist, als hätten sie mich verhext. Jedesmal, wenn ich mich in der Höhe aufhalte, fühle ich mich gesünder und kräftiger.«
»Du hast deinen Traum gefunden«, sagt meine Freundin, »du hast etwas gefunden, was du lange gesucht hast, ohne zu wissen, daß du es gesucht hast. Erst jetzt, wo du es gefunden hast, bist du dir bewußt, was dir vorher gefehlt hat.«
»So ist es wahrscheinlich«, pflichte ich ihr bei. Es ist, als hätte ich ein Geheimnis entdeckt, als hätte ich einen wertvollen Schatz gefunden.

Der Abend bricht an. Als es dunkel wird und die ersten Sterne am Himmel stehen, erklärt mir Petra die Sterne. Viel weiß sie nicht, doch wir schauen in den Himmel und stellen uns vor, wie es auf den anderen Sternen wohl aussieht.

Spät am Abend, als es immer kälter wird, legen wir uns auf das harte Lager unter dem Dach zum Schlafen. Ich träume davon, zu klettern, und als ich aufwache, ist mir, als wäre ich bereits geklettert. Als ich Petra davon erzähle, lacht sie und sagt: »Bald wirst du auch klettern, das weiß ich. Du wünschst es dir so sehr, und wenn man sich etwas sehr wünscht, dann erfüllt eine gute Fee dir jeden Wunsch!«

Beim ersten Morgengrauen verlassen wir die Hütte. Frühe helle Nebel schleichen um graue Felsgebilde. Wir gehen langsam und ganz leise, so als könnten wir diese Schönheit und Eintracht stören.

Nach einigen Minuten steigt oben ein heller Streifen über die Felsen, wird größer und größer. »Die Sonne«, jauchzt Petra. Jetzt wird sie langsam zu einem großen Ball, ein neuer Tag beginnt.

Eine Bergdohle steigt über die Wolken, kreischt laut auf, schießt herab auf eine kleine Mulde und verschwindet wieder in den Wolken.

»Hier ist alles noch so wie am Anfang. Die Natur ist ganz wild und traumhaft«, sage ich zu Petra.

»Diese Urwelt paßt zu dir, das fühle ich, ihr beide werdet gut miteinander zurechtkommen«, erwidert meine Freundin. Sie soll recht behalten.

Als wir die Berge verlassen und zurücktrampen in

unser kleines Dorf, denke ich bereits daran, wann ich wieder zurückkehre.

Mit der Heuernte kommen wir schnell voran, da das Wetter in diesem Sommer ziemlich stabil ist. Als es einmal eine längere Zeit geregnet hat, haben wir das Heu auf ein Holzgestänge aufgehängt zum Trocknen. Das war zwar eine mühevolle Arbeit, aber auch recht lustig, weil die ganze Familie mitgeholfen hat.
Eines Morgens sagt Helmut zu mir: »Wir gehen an den Gimpel, das ist ein Berg in den Allgäuer Alpen. Da machen wir eine richtige Klettertour!«
»Wirklich?« sage ich. »Das ist ja toll!«
Auf meine Bemerkung, daß er doch weder Seil noch Karabiner zum Sichern hat, sagt er nur mit einem ganz wichtigen Gesicht: »Heute habe ich es noch nicht, aber morgen.«
Morgen werden wir es haben, denke ich ganz glücklich. Morgen wird er alles haben, was wir brauchen, um eine richtige Klettertour zu machen. Eine Klettertour! O Gott, eine richtige Klettertour. Wie ich mich freue, das kann ich gar niemandem sagen.
Ich wirble über die abgeerntete Wiese und lande genau vor den Füßen meiner Mutter. »Wir gehen klettern«, sage ich mit einem frohen Lachen in den Augen.
»Ihr müßt aufpassen, daß nichts passiert!«
»Es passiert aber doch nichts, Mutter«, sage ich zu ihr.
»Nein, es wird nichts passieren«, sagt sie ganz ruhig.
Mein Bruder Helmut »organisiert« ein Seil. Das sieht

so aus, daß er sich das Seil und auch die Karabiner ganz einfach ausleiht – bei seiner Alpenvereinssektion.
Ein Seil, ein Seil lache ich, wir haben ein Seil! Und wieder geht es per Anhalter, weil wir beide nur Fahrräder besitzen, in die Berge.
»Das Seil trage ich«, sage ich, als wir in Nesselwängle sind. Das sieht so wichtig aus, wenn man mit einem Seil herumläuft!
»Es wird dir zu schwer werden! Wir wechseln uns ab«, bestimmt mein Bruder.
»Okay, wir wechseln uns ab«, sage ich.
Wir steigen einen steilen Hang hinauf. Wieder ist die Sonne am Himmel, und wieder ist es sehr heiß. Im Zickzack gehen wir unserem gesteckten Ziel immer höher entgegen, immer näher den Wolken.
»Glaubst du, daß es noch lange dauert?« frage ich einmal meinen Bruder, als wir einige Zeit gelaufen sind.
»Bestimmt nicht«, entgegnet er.
Vor uns tut sich ein steiler Grat auf. »Über den führt unser Weg zum Gipfel«, sagt Helmut.
Ich bin sehr beeindruckt, weil ich schon viele Schauermärchen über diesen Westgrat des Gimpel gehört habe. Da soll es zwei ganz verzwickte Kletterstellen geben.
An einer Wegbiegung erreichen wir den Einstieg des Grates. Mein Bruder holt sich das Seil vom Rücken, rollt es auf. Das sieht schon sehr beeindruckend aus.
Ich stehe da, und das Herz sinkt mir bis an die Knie. Ich frage mich, ob das wohl gutgeht.
Doch die Neugierde, die Vorfreude überwiegen schon.
Nervös hüpfe ich von einem Bein aufs andere.

Jetzt seilt sich mein Bruder an. Er nimmt das Seil, rollt es durch die Hände, bis er an das andere Ende kommt. Hier seilt er mich an.
»Ich klettere los! Paß auf, daß das Seil reibungslos nachkommt«, sagt er nur noch und ist weg. Schon klettert er den Grat entlang.
Der Grat kommt mir senkrecht und überhängend vor. Wie kann man sich da nur fortbewegen?
Als das Seil aus ist, ruft mich mein Bruder. Ich lasse meine Bedenken am Boden liegen und kraxle genau wie mein Bruder vorher über die Felsen nach oben. Ich setze die Hände nach Gefühl ein, drücke mit den Fußspitzen ab, probiere, spiele und schwindle mich die vierzig Meter bis zum Standplatz von meinem Bruder hinauf.
»Wie geht's?« fragt er.
»Toll«, sage ich, und schon geht er wieder.
Am Himmel ziehen weiße Schäferwölkchen vorbei, sie sehen aus wie weiße Wollknäuel.
Mein Bruder hängt an einem Überhang. Ich schaue ihm neugierig zu. Er macht einen Ansatz und geht wieder zurück, da er anscheinend die Füße falsch aufgesetzt hat.
Nochmals das Ganze von vorne. Diesmal steigt er drüber, und da denke ich plötzlich erschreckt, daß ich da ja auch rauf muß. Wie soll das gehen?
»Nachkommen«, schreit mein Bruder von oben runter.
»Ja, ja«, sage ich, »ich komme.« Ich binde mich von dem Standplatz los und beginne zu klettern. Es geht einen kleinen Felsriß hinauf.

Ich hebe mich mit einer Hand ab und schaue in die Tiefe. Ziemlich weit unten steht ganz klein eine Hütte.
Als ich mich mit der rechten Hand aufbäume, stehe ich vor dem Überhang. Fast hätte ich mir meinen Kopf angestoßen, so abrupt und überraschend ist dieses kleine Felsdach über meinem Kopf.
Ich überlege. Schnell muß es gehen, so schnell wie möglich, ja nicht lange überlegen. Wenn ich zu lange überlege, wird die Sache gar noch gefährlich oder schwierig. Schnell muß das gehen, sage ich mir nochmals vor. Ich nehme einen tüchtigen Anlauf.
Mit Verachtung und Mißbilligung gehen meine Augen über das Hindernis.
Mit einem einzigen Ruck ziehe ich mich über das Dach. Ich will schon triumphierend nach unten sehen, da bekomme ich einen Zug von unten. Einen so starken Zug, daß es mich wieder nach unten reißt. Ich bin so erschrocken und erstaunt, daß ich mich kaum wieder fangen kann.
Aber natürlich, der Karabiner! Verdammt, ich habe vergessen, den Karabiner auszuhängen. So was Blödes!
Unsicher stehe ich da. Meine Hände sind aufgeschlagen und bluten, Tränen rollen mir über die Wangen. Einen Augenblick habe ich das Gefühl, nie über dieses Dach zu kommen. Drohend, breit und abweisend steht es vor meinen Augen. Es wächst, wird immer größer und größer.
Plötzlich ist mein Kampfgeist wieder da. Ruhig hänge ich den Karabiner aus, der mich so unsanft herunterge-

zogen hat. Meine Knie zittern und meine Lippen beben, als ich den nächsten Versuch mache.
Der linke Fuß zittert so stark, daß ich wieder abrutsche, doch mit der Hand habe ich mich diesmal festgehalten. Mit letzter Kraft ziehe ich mich über das Felsdach.
Mein Bruder sitzt oben und sichert mich ruhig. »Hast Pech gehabt, was«, sagt er so nebenher. »Aber das ist nicht so schlimm«, fügt er gleich hinzu.
»Das ist nicht so schlimm«, erwidere ich, noch etwas außer Atem. »Nur ein paar Kratzer.«
Das ist also die erste der berüchtigten Kletterstellen an diesem Grat, über die uns erzählt worden ist!
Mein Bruder Helmut packt Traubenzucker aus und gibt mir etwas davon. Ich stecke ihn in den Mund und beiße die weiße Masse langsam zu Brei.
Helmut klettert jetzt weiter, während ich wieder sichere. Für ihn als Führenden ist es gefährlicher, wenn er stürzt, denn er fällt die volle Länge bis zum nächsten Karabiner ins Seil. Ich sehe zu ihm hinauf. Der Wind spielt mit seinen dunklen Locken, seine blauen Augen blitzen abenteuerlich.
Wie ich ihn so anschaue, kommt mir in den Sinn, wie oft er mir morgens, kurz vor Schulanfang, noch schnell meine Rechenaufgaben gemacht hat. Für mich alles lauter böhmische Dörfer, schier unüberwindliche Hindernisse, für ihn nur ein Klacks.
Er dreht sich um und zieht wieder am Seil. Es strafft sich an seinem Körper, und ich sehe, daß er weiterklettert.
Die zweite schwierige Kletterstelle erwartet uns, der so-

genannte »Schinderhannes«, ein abweisender Riß. Helmut steigt in den Felsschlund, versteckt sich förmlich darin. Dann zieht er sich höher, stemmt sich mit dem Rücken dagegen. Jetzt kommt die entscheidende Stelle, ein ausladender Bauch, den es zu überwinden gilt.
Er greift nach oben, findet aber keinen Halt. Einen Moment zögert er, seine Beine fangen langsam an zu zittern. Nur nicht stürzen, denke ich, bitte bleib da oben! Er versucht es nochmals, diesmal drängt er seinen Oberkörper aus dem Felsschlund heraus. Mit der einen Hand erreicht er jetzt den richtigen Griff, und schon sehe ich nur noch seinen Hosenboden. Sekunden später sind auch seine Schuhsohlen über der grauen Felsmauer verschwunden.
Erleichtert gebe ich das Seil nach. Helmut macht oben gleich einen Stand, um mich zu sichern, auch um mir notfalls eine Hilfe zu geben.
Nun bin ich dran. Etwas nervös schaue ich nach unten. Ungefähr einen Meter von meinem Standplatz aus bricht das Felsgestein abrupt in die Tiefe, immer weiter und weiter, ab. Bis zu den Almmatten. Grün und sanft liegen sie im Sonnenschein. Es ist, als lachen sie mir zu.
Ich lächle zurück, und Zuversicht kehrt in mein Herz zurück: Was kann mir dieser Felsbauch Schwierigkeiten machen!
Leicht und zart wie eine Spinne berühre ich den Fels, schätze die Entfernung von mir zu meinem Bruder ab. Mit jeder Bewegung, mit jedem Schritt komme ich meinem Ziel näher. Da geht es nicht mehr weiter.
Abdrängend schiebt sich der graue Felsbauch vor mein

Gesicht. Ich komme nicht drüber, denke ich. Natürlich komme ich da drüber, warum soll es nicht gehen. Ich greife über meinen Kopf. Es geht, es muß gehen.
Und es geht tatsächlich. Meine Beine drücken sich ab. Der Oberkörper gewinnt an Schwere, die Beine kommen nach oben. Der Felsbauch verschwindet zwischen meinen Beinen in der Tiefe.
Mein Bruder zieht am Seil, nach Minuten bin ich bei ihm, atme erleichtert auf.
Die nächsten Seillängen sind im Vergleich dazu leicht. Wieder kommt ein Wind von der Nordseite des Gimpel, er zaust an unseren Haaren. Mein Bruder turnt oben in den Felsen herum, und ich sichere.
Wir kommen uns vor wie richtige Sieger. Die Kleidung klebt uns am Körper.
Mit einemmal ist es ganz still. Jetzt in dieser Windstille ist mir, als täte sich für mich eine andere Welt auf. Wieder habe ich das gleiche Gefühl wie damals, als mir mein Vater an jenem Winterabend von dem märchenhaften, geheimnisvollen Haus hoch oben in den Bergen erzählt hat.
Das klang für mich damals geheimnisvoll, genauso geheimnisvoll wie diese Stille. Es ist wie ein Vakuum, und da, mit einemmal, sehe ich ganz klar in meine Zukunft, sehe, daß ich alle Wände besteigen werde, die es zu besteigen gibt! Ich sehe mich erfolgreich, dann sehe ich mich voller Schmerzen und verzweifelt, beides unmittelbar hintereinander. Dann macht das Vakuum seine Tore wieder zu, und ich stehe in der prallen Sonne am gespannten Seil.

Mein Bruder wartet oben und gibt mir schon zum zweitenmal ein Zeichen, daß ich nachsteigen soll.
»Träumst du, Schwester?«
»Ja, ich träume, ich habe eben meine Zukunft gesehen ...«
»Und was bringt sie dir, die Zukunft?«
»Lauter schöne Dinge.« Ich lächle melancholisch.
Der Wind treibt über das Felsgemäuer. »Wie schön es hier ist«, höre ich meinen Bruder. »Ja«, sage ich, »wie schön.«
Ziemlich verschwitzt erreichen wir den Gipfel, geben uns die Hände, gratulieren.
Andere Bergsteiger sind auch da. Sie schauen uns etwas neidisch und mit großen Augen an. »Das Mädel ist auch über den Westgrat?« fragen sie meinen Bruder. »Ja, natürlich, die ist auch über den Grat.«
Bergdohlen kreisen um den Gipfel. Sobald sie etwas Eßbares erspähen, schießen sie mit lautem Gekreische aus der Luft herab. Wenn man ihnen zuschaut, hat man das Gefühl, daß sie sich beim Fressen unentwegt miteinander unterhalten. Als wir aufstehen, um unsere Sachen zusammenzupacken, und uns für den Abstieg fertig machen, verlassen auch sie den Gipfel. Leicht und schwerelos heben sie ab in die Luft, fliegen in die Wolken.
Hie und da sehen wir Edelweiß. Weiß und zart stehen sie auf den grauen Felsen. Vorsichtig streiche ich über die haarigen Blüten.
Jetzt steigen wir über den schmalen Pfad ab. Manchmal nehmen wir die Hände zu Hilfe, wenn der Fels zu ab-

schüssig ist. Dann kommen wir auf die Almwiesen und in die kleine Hütte am Fuße der Felswände.

Die Hütte wird von einem alten, sehr originellen ehemaligen bekannten Bergsteiger bewirtschaftet. Er spielt auf einer Zither. Die Töne schweben im Raum, und einen Augenblick ist mir, als stünde ich wieder unter der schweren Kletterstelle am Westgrat. Er spricht in einem lustigen Tiroler Dialekt.

»Seid's oben g'wesen?« fragt er und meint: »Ja, das ist eine schöne Tour. Ich kenn' sie so gut wie meine Hosentasch'.«

»War das Madel auch dabei?« fragt er.

»Ja, sie war auch dabei«, sagt mein Bruder, und blinzelt mir mit einem Seitenblick zu.

»Ist sie deine Schwester?« fragt er weiter. »Ihr beide habt die gleichen Augen, die Farbe der Haare ist auch gleich.«

Mein Bruder hält sich die Hand vor den Mund, lacht, dann sagt er: »Ja, sie ist meine kleine Schwester.«

Es ist Nachmittag, und die Berge liegen im sanften Dunst. Eine Stunde später steigen wir wieder ab ins Tal und fahren, trampen zurück in unser Heimatdorf.

»Du bist ein Bewegungstalent« – Mein großes Geheimnis

Es gehen nicht so viele Mädels in die Berge, das habe ich mittlerweile festgestellt. Warum, kann ich überhaupt nicht verstehen, da diese Urwelt eine so große Anziehungskraft auf mich hat. So meine ich, daß andere das gleiche empfinden müßten.
Zwei Jahre sind jetzt vergangen, und ich bin siebzehn Jahre alt geworden. Die Schule habe ich mit Ach und Krach abgeschlossen, das heißt, ich bin mit Müh' und Not durch die Prüfungen gekommen.
Viel Spaß hat mir das Ganze am Ende nicht mehr gemacht, da ich so viel lernen mußte, was ich meiner Meinung nach im Leben doch nie gebrauchen würde. Aber immerhin, ich habe jetzt die mittlere Reife geschafft.
Wenn mich jemand von der Familie nach meinem künftigen Beruf fragt, sage ich immer, daß ich am liebsten zu Hause bleiben würde, um immer das gleiche Leben weiterzuführen. »Aber das wird nicht gehen«, sagen mir alle. »Du mußt noch zusätzlich was dazulernen.«
Auf dem Arbeitsamt lasse ich mir eine Reihe von Berufen aufzählen, kann mich jedoch zu nichts entschließen. So gehe ich erst mal in die Sommerferien. Das be-

deutet, bei der Heuernte helfen, wie jeden Sommer. Das bedeutet aber auch, auf die jüngeren Geschwister aufpassen, Schwimmen gehen in den Moorweiher, abends nach der Arbeit.

So nehme ich vorderhand mein altes Leben wieder auf, im Hintergrund meine Familie, die immer zu mir hält.

Als das Wetter etwas schlechter wird und wir kein Gras mähen, verschwinde ich wieder mal in die Berge.

Und da niemand Zeit hat – mein Bruder ist in der Arbeit und meine Freundin mittlerweile in einer anderen Schule –, mache ich mich alleine auf den Weg.

Mit dem Fahrrad möchte ich die steile und gebirgige Paßstraße nicht fahren, und so fahre ich wie so oft per Anhalter. Wieder gehe ich auf den Gimpel, diesmal im Alleingang über den Normalweg. Die Sonne ist an diesem Tag nicht so stark, und ich gehe schnell. Ich fühle mich sehr stark und ganz schön mutig.

Als ich nach Hause fahren will, beginnt es plötzlich zu regnen. Ich renne unter eine Brücke, um nicht klatschnaß zu werden.

Da hält ein Käfer. Ein lustiger, uriger Kerl nimmt mich mit. Er fragt mich, wo ich herkomme, wo ich hin will, und ist überrascht, als ich ihm antworte.

»Das finde ich toll«, sagt er. »So ein zierliches Mädel ganz allein in den Tannheimer Alpen! Macht dir das gar nichts aus?« fragt er mich. »Ja hast du denn gar keine Angst?«

»Nein«, sage ich, »vor wem sollte ich auch Angst haben?« Dann ist es einige Minuten still.

Blitzschnell kommt mir eine Idee. Vielleicht geht der

Kerl mit mir aufs Matterhorn. Er hat ein verwegenes Gesicht, und auf dem Rücksitz habe ich, bevor ich eingestiegen bin, ein Bergseil gesehen.
»Ich bin in der Bergführer-Ausbildung«, errät er meine Gedanken. »Nächste Woche will ich ins Wallis fahren. Ich möchte aufs Matterhorn!« Er schaut mich prüfend an, dann sagt er das Unvorstellbare: »Willst du mit aufs Matterhorn?«
Ich und das Matterhorn? Das ist doch unmöglich! Das geht überhaupt nicht. Ich war noch nie auf dreitausend Metern, habe überhaupt keine Erfahrung mit Steigeisen, mit Pickel.
Laut sage ich das nicht, sondern reagiere sehr schnell.
»Ich gehe mit aufs Matterhorn«, sage ich sehr bestimmt. »Ich hab' auch überhaupt keine Angst«, füge ich tapfer hinzu.
»Du bist mir ein mutiges Mädel«, sagt der angehende Bergführer. »Wir müssen aber erst deine Kraft und Kondition prüfen. Wenn du willst, gehe ich mit dir klettern, in ein paar Tagen. Ich muß wissen, ob du einen so schweren Berg schon schaffst.«
»Abgemacht«, sage ich. »Ich gehe mit.«
»Das imponiert mir, das gefällt mir«, sagt er. »Wo nimmst du denn diesen Mumm her?«
»Ist doch egal. Es wird schon gutgehen«, sage ich leichthin. Dann haben wir uns verabschiedet, und ich habe ihm meine Adresse gegeben.

Ich bin allein und muß erst meine Gedanken ordnen. Das Matterhorn, das Matterhorn! Ich werde ohnmäch-

tig. Dieser Berg kreist seit Jahren im Kopf meines älteren Bruders. Aus der Alpenvereinssektion waren etliche Männer auf diesem Berg und haben schauerliche Geschichten erzählt. Er wäre so anstrengend. Außerdem wäre es so scheußlich kalt dort oben und furchtbar stürmisch. Nur ganz gute, ganz starke Bergsteiger könnten da hinauf.
»Ich kann auch hinauf«, sage ich mir leise. Und ich will auch hinauf! Meine Neugierde ist so groß, daß ich nahe daran bin zu platzen.
Als ich zu Hause bin und meinen Bruder sehe, sage ich ihm noch nichts, weil er mich höchstens auslachen würde. Alles kann der besser. Aber ich werde jetzt aufs Matterhorn steigen und er nicht!
Der erste Funke des Stolzes und des heimlichen Triumphes leuchtet aus meinen Augen. Ich werde übermütiger als sonst, weil ich ein Geheimnis habe.
»Ich habe ein großes Geheimnis«, sage ich zu meiner Schwester, als wir abends im Bett liegen. Meine Schwester geht nicht in die Berge, sie ist in der Stadt in einer Lehre als Verkäuferin.
Wir lieben uns zwar sehr, aber gewisse Dinge kann sie trotzdem nicht verstehen. »Du hast ein Geheimnis«, sagt sie und geht nicht weiter darauf ein, denn sie nimmt meine kleinen Geheimnisse nicht so wichtig.
Einige Tage später kreuzt plötzlich der angehende Bergführer bei meinen Eltern auf. Er ist sehr höflich und fragt meine Mutter, da mein Vater auf dem Feld arbeitet, ob er mich mitnehmen darf auf eine Klettertour in die Allgäuer Alpen.

Klettern in den Canadas auf Teneriffa.

Elternhaus in der Einöde von Eisenharz.

In den heimatlichen Felsen bereite ich mich mental auf den Himalaja vor. Ich liebe die Ruhe, so wie ich es zu Hause bei meinen Eltern auf dem Einödhof kennengelernt habe.

Mama schaut sich den Kerl ganz genau an und ist ein wenig mißtrauisch. »Werden Sie auch gut auf meine Tochter aufpassen? Wird auch nichts Schwieriges geklettert? Sie wissen, das Mädel sollte keine so anstrengenden Bergtouren machen!«
Der angehende Bergführer beschwichtigt meine Mutter.
Ich beobachte die beiden heimlich. Der Bergführer sieht mit seiner großen markanten Hakennase aus wie ein Adler, seine Arme sind sehnig und durchtrainiert, sein Gesicht ist von der Sonne verbrannt. Er ist ungefähr zehn Jahre älter als ich.
Mama steht am Herd. Sie ist eine zarte, kleine Frau mit schönen langen, dunkelblonden Haaren. Ihr klares Gesicht und die blauen Augen blicken ernst auf den Mann. Doch in den Augenwinkeln kann ich ein verschmitztes Lächeln sehen, als sie einwilligt. Ich darf also mit auf die Klettertour, die Mut- und Generalprobe für meinen Traumberg.
Mit dem alten, klapprigen VW fahren wir wieder in die Heimatberge. Sigi, der angehende Bergführer, und ich.
Es ist ein warmer Tag. Als wir beim Ausgangspunkt zu unserem Hüttenanstieg in den Lechtaler Alpen ankommen, bin ich sehr aufgeregt.
Sigi geht voran, trägt die meisten Ausrüstungsgegenstände, wie Seile, Haken, Karabiner, und ich hüpfe lustig hinterher. Wir reden sehr wenig. Ich weiß auch nicht, was ich sagen soll, da ich ja noch nie mit einem angehenden Bergführer unterwegs war.
Da wir nichts reden und mich das Bergaufgehen über-

haupt nicht mehr anstrengt, gehe ich einfach meinen eigenen Gedanken nach. Ich denke an meine ältere Schwester, mit der ich jetzt ein Zimmer teile. Ich stelle mir genau die Szene vor, wenn sie immer aufsteht und was sie als erstes tut. Da sind einmal die strohblonden Haare, die sie immer zu einem Turm hochtoupiert, dann eine goldene Wimpernzange, mit der sie die schönen Wimpern in die Höhe biegt.
Für mich ist meine Schwester das schönste erwachsene Mädel weit und breit. Erwachsen deshalb, weil sie zu mir immer sagt, ich wäre noch ein Kind und sie sei bereits erwachsen.
Wenn sie fertig ist mit der goldenen Wimpernzange, verläßt sie das Zimmer.
Dann stehe ich auf und bemächtige mich der goldenen Wimpernzange. Heimlich natürlich, weil meine Schwester sagt, daß sich kleine Mädchen noch nicht schminken dürfen. Ich mache es dann genauso wie sie, biege meine langen Wimpern in die Höhe, in die Luft.
Einmal habe ich nicht aufgepaßt, und da hat sie mich erwischt. Sie hat fürchterlich geschimpft und mir die Wimpernzange aus der Hand genommen.
Ich muß an das Gesicht denken, das sie immer macht, wenn sie die Wimpern in die Luft biegt, die linke Wange verzerrt sich ein wenig, sie zieht den Mund dabei zusammen, und es sieht sehr ulkig aus.
Als Sigi mal fragt: »Sag mal, Reinhilde, gehe ich nicht zu schnell?«, antworte ich nur »Nein, nein« und hänge wieder meinen Gedanken nach.

Wir kommen bei der Hütte an. Als wir hineingehen, wird Sigi von allen begrüßt. Man kennt ihn.
»Was hast denn da für einen Floh dabei?« fragt einer der Kerle. Ein Floh, sagt der, ich sehe also aus wie ein Floh.
»Wir gehen zusammen zum Klettern«, antwortet Sigi kurz.
Hinter der Hütte ist ein Felsbrocken, etliche Meter hoch. Sigi klettert daran hoch und umrundet den Felsen in einer Höhe von etwa zwei Metern. Schnell und geschickt findet er Griffe und Tritte.
»Nachmachen«, sagt er, als er wieder am Boden steht.
Ich klettere ebenfalls hinauf, suche Griffe und Tritte, finde sie, zwar ein wenig zaghaft, aber ich überwinde die Schwierigkeiten auch.
»Gut«, sagt Sigi, »du bist ein Bewegungstalent.« Dann gehen wir an den Einstieg zu einer Kletterwand an der Südwand der Wolfebenerspitze. Eine richtige Klettertour!
Sigi erklärt mir alles nochmals ganz genau, dann bindet er mich an den Felsen und klettert den Wolken entgegen. Ich schaue ihm sehr konzentriert zu, merke mir jede Kleinigkeit. Die Wand ist fast senkrecht, doch links und rechts kann ich jeweils etwa faustgroße Griffe und Tritte ausmachen. »Das gleiche wie am Westgrat«, denke ich mir, »man muß nur geschickt genug sein, dann kann man so eine Wand überwinden.«
Sigi hat sehr schnell Stand. Als er mich ruft zu kommen, mache ich die Selbstsicherung heraus und schaue mir die Felsen an.
Wieder scheint die Sonne über die grauen Felsen. Wenn

ich sie mit der Hand anfasse, strömt mir Wärme entgegen, wie zu Hause am unteren Kachelofen im Winter.
Das Seil schwebt vertrauensvoll von den Haken und Karabinern herab zu mir an meinem Standplatz. Vierzig Meter muß ich klettern, um Sigi zu erreichen!
Ich mache mich einfach los und bin nun völlig ausgesetzt, denn jetzt verbindet mich nichts mehr mit dem Fels, nichts mehr mit einem festen Punkt. Sigi zieht das Seil sofort an, damit es von mir zu ihm gespannt ist. Das gibt mir ein Gefühl der Sicherheit.
Steil erhebt sich die Wand vor meinen Augen. Wenn ich hinter der Kante bin, wird es vielleicht leichter. Ich habe die ruhigen Bewegungsabläufe von Sigi vor Augen, als ich losgehe.
Mit den Händen taste ich den Fels ab. Er fühlt sich warm, fest und sicher an, kein einziger loser Stein. Ich kann also auch mit den Füßen darauf stehen und mich voll anvertrauen.
Mit den Händen ziehe ich mich bis zur Körpermitte hoch, dann übernehmen die Füße die Arbeit. Sie finden Halt, da wo vorher die Hände waren. Dieses Spiel nimmt mich so gefangen, daß ich gar nicht merke, wie ich mich stetig und rhythmisch weiterbewege.
Der Fels ist immer noch fest, und die Bewegungen sind ganz automatisch und ruhig. Da hängt eine kleine Leiter an einem Haken. Sie flattert hin und her, was ist damit? Muß ich jetzt über die Leiter weitersteigen?
Als ich bemerke, daß die Griffe ausgehen, da verstehe ich. Mit diesem technischen Hilfsmittel ist Sigi die nächsten Meter weitergeturnt.

Vorsichtig steige ich in die Sprossen. Das Ding schaukelt ganz schön hin und her. Während ich weitersteige, halte ich mich wegen der Balance rechts und links an den Felsen fest. Weiter oben kommen jetzt wieder Griffe. Ich ziehe die Leiter einfach an einer Schnur mit.
Sigi steht vor mir und grinst breit und freundlich. »Du bist ja wirklich ein absolutes Naturtalent«, sagt er anerkennend. »Du gehst schon ganz sicher und gut.«
»Ist das wahr?« freue ich mich. »Bestimmt«, sagt er. »Zwar bist du an manchen Stellen noch etwas zaghaft, aber es sieht recht gut aus, trotzdem.«
Die nächsten Seillängen sind gleichmäßig. Sigi geht ruhig und gelassen. Ich meistere die Schwierigkeiten, so gut ich kann. Als wir oben ankommen, drückt mir Sigi die Hand und gratuliert.
Dann seilen wir zu einer Scharte ab. Ich seile zum erstenmal in meinem Leben ab. Zwar habe ich so was schon mal im Fernsehen gesehen. Doch selber habe ich das noch nie gemacht.
Frei am Seil hängend, geht es schwindelerregend in die Tiefe. Einen Moment denke ich daran, daß das Seil ablassen könnte und was dann passieren würde, wohl einfach in die Tiefe stürzen.
Das Seil hält, und ich komme gesund und heil bei Sigi an. Er steht auf einem abschüssigen Band. Links und rechts geht es senkrecht in die Tiefe. Sigi gibt mir einen winzigen Platz, damit ich überhaupt darauf stehen kann, und geht dann gleich weiter. Als er eine größere Plattform erreicht, sichert er mich zu sich und holt das Seil ein. Erleichtert stehen wir zusammen.

»Du hast deine Sache echt gut gemacht«, sagt er. »Wir steigen jetzt ab, und dann kannst du gleich eine Kante führen.«
»Ich soll vorausgehen? Ich bin mir sehr unsicher, ob ich das wagen kann.«
Sigi macht mir Mut. »Da kann nichts passieren! Du mußt solche Sachen vorausgehen können. Du kannst es, ich habe dir zugesehen, du gehst sehr umsichtig und sicher.«
Also wage ich es. Zum erstenmal in meinem Leben führe ich. Es ist gar nicht so schwer. Rasch gewinne ich an Höhe. Sigi unter mir wird immer kleiner und kleiner. Dann erreiche ich einen Haken, hänge den Karabiner ein. Als die Öse zuschnappt, überkommt mich ein Gefühl von Stolz. Ich klettere noch ein Stück weiter und bestimme einen Standplatz.
Sigi kommt geschwind nach. »Du kannst das Matterhorn auch machen«, sagt er sofort. »Es wird alles für dich machbar sein, du wirst keine Schwierigkeiten haben!«
Ich glaube Sigi, was er sagt. Seine Worte bauen mich auf. Ich gehe weiter voran. Der Fels ist mir jetzt schon vertraut, ein Meter reiht sich an den anderen. Fast ist es so, als hätte ich das schon lange gemacht.
Als wir wieder oben sind, sehe ich die Felsen, die Berge, mit anderen Augen. Ich spüre meine Kraft, und ich spüre mein Leben anders.

Auf einen Schlag berühmt – Das Matterhorn

Einige Tage später sind wir schon auf dem Weg ins Wallis.
Zu Hause haben wir nicht genau gesagt, was wir machen werden, geschweige denn, daß ich das Matterhorn besteigen möchte. Ich habe lediglich erzählt, daß ich mit Sigi in die Schweizer Alpen fahren will, um ein wenig herumzuwandern.
Das Wetter ist sehr beständig. Die Nächte sind kühl und die Tage warm. Sigi fährt mit seinem VW-Käfer mit atemberaubendem Tempo über die steilen Pässe. Die Landschaft ist da sehr karg, Bergbauern bestellen einen steilen Hang. Die Luft ist klar.
»Wenn du das Matterhorn besteigst« – Sigi redet so, als gäbe es nicht den geringsten Zweifel daran –, »wenn es dir gelingt, auf diesen Berg zu gehen, wirst du anschließend eine bekannte Bergsteigerin sein.«
Noch habe ich keine Ahnung, wie es da oben aussehen wird, noch nie im Leben habe ich Gletscher gesehen, noch nie so hohe Berge. Ob meine Kondition überhaupt ausreichen wird? Mir fallen die Bilder von den tiefvermummten Gestalten ein.

Sigi hat für mich fast die ganze Ausrüstung dabei, einen geliehenen Pickel, Steigeisen, eine Daunenjacke, Handschuhe, warme Überhosen.
Als der Tag zu Ende geht, sind wir in Zermatt. Ich bin schrecklich aufgeregt.
Sigi mahnt zur Eile, da er noch irgendeine Bergbahn erreichen will. Damit ich wenig zum Tragen habe, packt er alle Gegenstände, die schwer sind, auch noch in seinen Rucksack. Da mir beim Anblick der hohen Berge das Herz sowieso schon in die Hosen rutscht, bin ich darüber sehr erleichtert. Im letzten Moment erreichen wir die Bergbahn.
Als die Winde die Wolken vertreiben, sehe ich zum erstenmal das Matterhorn. Im sanften Licht eines hereinbrechenden Abends steht ein riesiger, formschöner Berg da.
»Das ist es«, sagt Sigi.
»Grandios«, kann ich nur sagen, so hat es mir die Sprache verschlagen. »Da soll ich raufsteigen?«
»Logisch!« Sigi strahlt breite Zuversicht und Ruhe aus. Für ihn ist alles sehr einfach.
Die Bahn steigt höher und höher. In unserem Abteil sind wir die einzigen, die große Rucksäcke haben. Wir werden bestaunt wie Fabelwesen.
»Wo wollt ihr denn hin?« fragen sie Sigi. »Da hinauf«, sagt Sigi und deutet mit dem rechten Zeigefinger aufs Matterhorn.
Dann schauen die Leute auf mich, und ich merke, wie mir die Röte ins Gesicht steigt. »Das Mädel auch?« fragen sie Sigi.

Ich schaue auf Sigi und sage überhaupt nichts. »Ja, das Mädel auch«, sagt Sigi mit seinem breiten Grinsen.
Ich schaue nur noch auf den Boden, weil mich alle Leute ansehen und Fragen stellen und ich nicht weiß, was ich antworten soll. Ich weiß ja überhaupt nichts über das Bergsteigen auf einem Gletscher, insbesondere auf diesem so berühmten Viertausender. Um nichts Falsches zu sagen, sage ich also gar nichts.
Dafür redet Sigi: »Ja«, sagt er, »sie ist eine gute Bergsteigerin, und sie wird das ›Horn‹ morgen mit mir besteigen.« Da wird mir nochmals bewußt, auf was ich mich eingelassen habe.
Die Bahn hält. Die Leute lassen uns durch, rufen uns Wünsche zu. »Alles Gute, macht's gut!« Dann sind wir allein, der Sigi und ich.
Sigi nimmt seinen Rucksack auf den Rücken, hilft mir, meinen aufzusetzen, und dann marschieren wir ganz selbstverständlich in Richtung Hörnlihütte, den Ausgangspunkt für eine Matterhorn-Besteigung. Mir ist ein wenig schwindlig, wenn ich daran denke, daß sich ein Traum für mich erfüllen soll.
Ich gehe zaghaft, bewege mich unsicher. Eigentlich kann ich es gar nicht so recht glauben, tatsächlich hier zu sein. Doch der Beweis steht im ruhigen Abendlicht vor mir und scheint auf mich zu warten. Ich hätte nie geglaubt, daß das Matterhorn in Natur auch so eindrucksvoll ist.
»Wie schön dieser Berg ist, Sigi«, sage ich, während ich immer wieder stehenbleibe, um zu schauen und mich zu orientieren.

»Du wirst sehen«, sagt Sigi, »du wirst morgen gut in Form sein.«
Als wir die Hütte erreichen, ist es schon finster. Drinnen ist es voll, und Gesprächsfetzen dringen an meine Ohren. Wir werden begrüßt, setzen uns an einen Tisch, trinken Tee und essen unsere mitgebrachten Brote. Ich habe wenig Hunger, bin noch aufgeregter als vor vielen Stunden.
Da wir keinen Platz bekommen zum Schlafen, legen wir uns auf den Boden. Es riecht nach Petroleum und nach Gas, es riecht nach Männern und Abenteuer, und es riecht nach Wind und Nacht.
Unruhig wälze ich mich von einer Seite auf die andere. Kaum habe ich ein Auge zu, als jemand zu schnarchen anfängt. Wie das Matterhorn wohl am nächsten Morgen aussieht, frage ich mich. Hoffentlich hält das Wetter. Mann, hoffentlich ist das Wetter gut.
Und dann bin ich plötzlich eingeschlafen und schlafe so lange, bis mich jemand am Arm zupft.
Erst weiß ich nicht, wo ich bin. Doch Sekunden später bin ich hellwach.
Draußen ist es stockfinster. Richtig, Sigi hat gesagt, wir müssen sehr früh aufbrechen. Er hat Tee bestellt. Langsam schlürfe ich das heiße Getränk. Jemand hat eine Kerze angezündet, und an den Wänden der Hütte tanzen lange dunkle Schatten.
Als wir fertig sind mit dem Tee und den Broten, gehen wir los. Sigi gibt mir seine Stirnlampe.
Draußen ist das Wetter wieder gut, soweit ich das beurteilen kann, denn es ist immer noch stockfinster. Sterne

stehen am Himmel, kalte Luft kommt vom Berg herunter.
Sigi geht voran, nicht zu schnell, und ich folge ihm. Andere Seilschaften sind auch schon unterwegs.
Langsam wird mir bewußt, daß ich an einem schweren Berg bin, daß es keine Spielerei mehr ist, kein Klettern mehr auf einen leichten Berg im strahlenden Sonnenschein.
Mein Bewußtsein stellt sich automatisch um. Ich achte ganz genau auf jeden Schritt, weiß, daß ich meine Kräfte einteilen muß. Ich fühle instinktiv, daß es jetzt, heute, um sehr viel geht.
Wir steigen und steigen, und ich freue mich über jeden Meter, den wir höher kommen. Sigi hat mich angeseilt, und ich passe mich seinem Tempo an. Es wird langsam heller, und ich bin sehr erleichtert, weil ich jetzt sehen kann, wo ich mich befinde.
Als der erste Morgenschimmer über die Berge zieht, sind wir in einem steilen Hang. Die Felsen sind sehr brüchig, und man muß höllisch aufpassen bei jedem Schritt.
Vor uns ist eine Seilschaft und hinter uns.
Als der Fels kompakter und steiler wird, bleibe ich stehen und sichere meinen Partner. Sigi steigt ruhig und sicher voran, holt mich, sobald er einen Standplatz hat, zu sich hinauf.
Als ich losklettern will, löst sich plötzlich in der Seilschaft vor uns ein großer Stein. Er kommt auf mich zu. Blitzschnell drehe ich mich zur Seite. Der Stein poltert in die Tiefe.

Erschrocken sehe ich Sigi an, meine Hände zittern.
»Wenn der mich erwischt hätte«, sage ich mit belegter Stimme.
Ich klettere weiter. Der Fels ist gelb, und in der Morgensonne schimmert er wie mattes Gold.
Wir kommen an eine Biwakhütte. Wie ein kleines Adlernest hängt diese winzige Hütte an den Felsen.
Wir machen halt und essen Brote, jeder einen Apfel. Ich bin etwas müde.
Als wir weitergehen, sehen wir, daß die Sonne an diesem Tag nicht herauskommen wird. Im nächsten Moment treiben Nebelfahnen um den Gipfel, und schon ist es kalt.
Nur keine Müdigkeit vorschützen! Ich muß weiter, gehe einige Schritte, bleibe stehen, gehe wieder weiter.
Sigi ruft mich. Er hängt an einem kleinen Überhang, eine Schlüsselstelle auf dem Weg zum Gipfel.
Das Wetter ist endgültig schlecht geworden. Leise Schneegraupeln fallen vom Himmel, schon fängt es an zu schneien.
Während ich nachsteige, kehren Zuversicht und Optimismus zurück. Ich bin am Matterhorn, soll es schneien!
Als wir schließlich die letzten Seillängen zum Gipfel gehen, bin ich sehr glücklich. Es ist ein herrliches Schauspiel. Nebel bäumen sich auf wie Burgen und Schlösser. In Sekundenschnelle ist der Spuk vorbei, und alles ist so wie vorher. Manchmal bricht aus der Ferne ein winziger Strahl Sonne durch, setzt sich auf meiner Hand fest, verschwindet wieder.

Als wir absteigen, ist es bereits ganz düster. Wir sehen keine fünf Schritte weit. Als ich den Ernst der Situation begriffen habe, mache ich automatisch, was Sigi mir sagt.
Wir seilen ab. Noch nie in meinem Leben habe ich mehr als hundert Meter abgeseilt. Ganz schön aufregend!
Ein anderer Bergführer ist vor uns, er kennt das »Horn« wie seine Hosentasche. Wir gehen in seiner Spur, nehmen den Weg, den er auch geht. Die beiden Männer schreien sich zu. Das Seil hängt! Ich stehe da und friere. Wenn wir nur schon in Sicherheit wären!
Seillänge um Seillänge geht es zurück. Bei dem schlechten Wetter kommt mir der Weg doppelt so lang vor wie der Aufstieg.
Plötzlich steigt aus dem Nebel die kleine Biwakhütte.
»Wir werden nicht bleiben«, sagt Sigi. »Das Wetter kann tagelang schlecht bleiben. Wir gehen hinunter, koste es, was es will!«
Ich hocke auf einem Felsen. Meine Finger sind kalt und kleben an den Handschuhen, die Steigeisen sind vereist. Der Wind pfeift mir um die Ohren.
In der anderen Seilschaft sind lauter Männer. Sie sehen sehr müde und abgekämpft aus.
Es hört auf zu schneien. Einen Augenblick sehen wir uns an. Sigi hat eine ganz vereiste Nase.
Ich höre in den Himmel, und mir ist, als würde er anfangen zu singen. Die Luft ist voller Elektrizität.
Dann sehen wir den ersten Blitz. Ein heller Streifen erscheint an der grauen Wolkenwand. Er kommt näher

und näher, dann schlägt er direkt neben mir in den Felsen ein. Ich bin wie erstarrt. Einen Moment ist mir, als würde ich sterben. Dann ist es vorbei.
Sigi hat mich beobachtet. »Der Blitz hat mich getroffen«, sage ich erschrocken und zugleich erstaunt, weil mir anscheinend nichts passiert ist. Langsam kehren meine Lebensgeister wieder zurück, mein Blut fängt wieder an zu pulsieren.
»Du siehst aus wie ein Geist, Reinhilde«, sagt Sigi. »Es ist doch nichts geschehen. Du siehst, es ist alles in Ordnung.«
In der Ferne hören wir ein lautes Donnern. »Es wird sich wieder verziehen, das Gewitter«, sagt Sigi.
Ich gehe jetzt am kurzen Seil. Der Abstieg ist unendlich lang. Im fahlen Licht des hereingebrochenen Nachmittags sieht der Berg abweisend und gefährlich aus. Da ist nichts mehr von der Schönheit, die ich empfunden habe, als ich das Matterhorn zum erstenmal von Zermatt aus sah. Und überall lauern lose herumliegende Felsbrocken, die bei falschem Tritt einen Steinschlag auslösen können. Die Steine sind rötlich.
Jetzt spüre ich meine Müdigkeit noch mehr. Meine Kleidung ist völlig durchnäßt und schwer. Wie lange sind wir jetzt schon in diesem Inferno?
Was Papa und Mama jetzt wohl machen? Ob sie ahnen, wo ich bin? Plötzlich kommt mir das Zuhause wie eine andere Welt vor: Ich denke an die angenehmen Seiten unseres Zusammenlebens, denke an meine Geschwister. Diese Gedanken nehmen mich so sehr gefangen, daß es mir mit einemmal so vorkommt, als läge ich auf

dem Sofa zu Hause und läse das Märchen »Ali Baba und die vierzig Räuber«.
Während ich steige und steige, ganz automatisch, bin ich in Gedanken ganz woanders. Ich habe mich praktisch in eine Art Trance versetzt. Ich spüre das Unwetter nicht mehr, während ich einen Fuß vor den anderen setze.
Die Landschaft verwandelt sich vor meinen Augen in eine schöne Höhle, und ich sehe einen bärtigen Räuber mit einer Lampe durch ein Felsgewölbe gehen und nach Schätzen suchen.
Die Wolken reißen auf, und eine tiefverschneite, zerklüftete, wilde Landschaft liegt unter uns. Meine Füße sind ganz steif, und meine Beine drohen noch müder zu werden. Wie weit ist es noch?
Ich schwanke zwischen Traum und Wirklichkeit, da höre ich plötzlich: »Reinhilde, Reinhilde! Hörst du mich? Wir müssen die Bergbahn erreichen, sonst müssen wir noch eine Nacht auf der Hütte bleiben!«
Ich nicke mit dem Kopf.
»Wir müssen schnell gehen«, sagt er.
Es gibt überhaupt keine Berghütte, auch keinen langen Abstieg! Schon kehre ich wieder zurück in meine andere Welt. Mein Bruder nimmt mir das Buch weg, da es ihm langweilig ist und er mich ein wenig ärgern will.
»Gib es mir zurück«, sage ich zu ihm. »Gib mir das Buch zurück!«
Das Wetter hat wieder ganz zugemacht. Ich habe das Gefühl, als würde es nie mehr Tag werden. Mein Bruder hat mir das Buch weggenommen, und ich kann mich

nicht mehr schützend in eine andere Wirklichkeit versetzen.

Die Tatsache, daß mein Bruder mir mein Buch weggenommen hat, versetzt mich in einen so großen Schrekken, daß ich mich völlig schutzlos am verschneiten Matterhorn wiederfinde, mitten in den Wolken.

Langsam kommt jetzt Freude, ja Stolz auf, daß wir oben waren, den Gipfel tatsächlich gemacht haben und wir jetzt auf dem Weg zurück ins Tal, zur Hörnlihütte sind.

Dann, als ich gar nicht mehr daran denke, ist die Hütte einfach da, an einer Wegbiegung steht sie direkt vor unseren Augen. »Wir gehen gleich weiter«, sagt Sigi nur. »Wir müssen die Bergbahn noch erwischen!« Wir erreichen die Bergbahn nicht mehr. So gehen wir weiter, zu Fuß nach Zermatt.

Mal regnet es jetzt, mal hört es wieder auf, und der Wind fährt uns durch die Haare. Unsere nassen Rucksäcke ziehen uns fast in den Boden. Ich denke gar nichts mehr, auch nicht an einen Traum, sondern gehe und gehe. In Serpentinen geht es immer weiter und weiter hinunter. Nebel versperrt uns die Sicht, aber Sigi hat keine Orientierungsschwierigkeiten. Plötzlich macht er halt an einem Heustadel. Wir haben es geschafft, wir sind in Sicherheit.

Erschöpft ziehe ich mich in den Stadel, setze mich nur noch hin, ziehe die nassen Klamotten und die schweren Schuhe aus. Meine Arme tun weh, alles tut weh, mein ganzer Körper.

Sigi gibt mir neue, warme, trockene Klamotten. Dann

gibt Sigi mir was zu essen, zu trinken. Mehr weiß ich nicht mehr. Ich versinke in einen schweren, traumlosen Schlaf und schlafe wie ein Stein.
Als am nächsten Morgen die Sonne durch die Balkenritzen spitzt, wache ich auf, sehe Sigis schwarzen Kopf aus dem Heu. »Wie geht's unserer Matterhorn-Bezwingerin?«
»Oh, ganz gut«, lache ich. Ich will mich schnell erheben, da merke ich, daß ich einen fürchterlichen Muskelkater habe.
Ich lasse mich zurück ins Heu fallen. »Sigi, ich kann nicht aufstehen«, sage ich zu meinem Bergfreund. »Mir tut alles total weh!«
»Das vergeht wieder«, meint Sigi, »nur ein Muskelkater.« Die Sonne scheint, das Heu riecht frisch, wir hören das Läuten der Kuhglocken. Die Blumen blühen, und Friede liegt in der Luft.
»Willst du nicht aufstehen«, neckt mich Sigi. »Es gibt frischen Tee.« Ich rapple mich auf, nehme die Tasse mit würzigem Tee. Sigi schneidet Brote auf, umsorgt mich wie ein Kind.
Dann packen wir alle nassen Sachen zusammen und gehen in Richtung Zermatt. Meine Beine tun noch furchtbar weh, und ich laufe steif wie eine Holzfigur. Sigi amüsiert sich.
Das Matterhorn steht in der lauen Sonne und grinst uns an. Touristen bleiben stehen und fragen, wo wir herkommen. Sigi erzählt, daß wir auf dem Hörnli waren. Da werden wir bestaunt wie Fabelwesen.

»Herr, laß ein Wunder geschehen« – Die Dufour-Spitze

Einen Tag ruhen wir uns aus, dann fahren wir mit der Bahn in Richtung Monte Rosa. Sigi möchte noch die Dufour-Spitze besteigen, einen schönen Viertausender im Wallis.
Mein Muskelkater ist fast verschwunden. Ich fühle mich jetzt merkwürdig leicht. Ich gehe Sigi davon, und er ruft mich, ich solle auf ihn warten.
Der Tag ist strahlend schön, und die Viertausender liegen in der strahlenden Morgensonne. Ich trage wie selbstverständlich eine Gletscherbrille, ein Ding, das ich vorher, das heißt, bevor ich am Matterhorn war, noch nie gesehen habe. Auch die Steigeisen und den Pickel trage ich schon fast mit Selbstverständlichkeit auf dem Rücken. Jetzt bin ich eine richtige Bergsteigerin, das hat Sigi heute morgen gesagt.
Ein Steinbock steht da und schaut uns unverwandt an. Als wir zurückschauen, springt er davon. Nach einem kurzen Stück Weg in ein Tal sehen wir, daß das Tier zu einer ganzen Herde gehört.
Wie leicht und schön die Luft hier heroben ist. Ich fühle mich ganz leicht und schnell, auch schneller als Sigi,

und probiere es auch gleich aus. Wir machen eine kleine Wette und laufen, bis wir nicht mehr können, bis uns die Puste ausgeht.

Dann stehen wir da und lachen. »Weißt du«, sage ich zu Sigi, »ich kann es noch gar nicht glauben, daß ich auf dem Matterhorn war, ich bin jetzt so stolz, daß ich fast platze!«

»Lieber nicht«, lacht er, »es wäre schade um dich!«

Wir kommen auf die Monte-Rosa-Hütte. Sie liegt, umrahmt von gelben Steinen, auf einer kleinen Plattform. Murmeltiere springen über Graspolster, pfeifen sich zu, verschwinden wieder.

Diesmal haben wir Glück und kriegen sogar ein richtiges Lager. Als wir unsere mitgebrachte Brotzeit auspacken, fragt ein Bergsteiger, ob er morgen mit uns mitgehen darf.

Als Sigi ihm sagt, was wir vorhaben, schaut er mich mißtrauisch an. »Mit dem Mädel wollen Sie auf den Monte Rosa gehen?« fragt er.

»Mit dem Mädel war ich vor zwei Tagen auch auf dem Matterhorn!«

Aber ob das nicht zuviel wird für die Kleine, fragt er.

»Es wird nicht zuviel für sie«, entgegnet Sigi.

Am nächsten Morgen, als es noch dunkel ist, brechen wir auf, zu dritt. Ich fühle mich gut in Form und gehe in den Spuren von Sigi ein Moränenfeld hinauf.

Nach dem Moränenfeld kommt ein langgezogener Gletscher. Wir ziehen die Steigeisen an. Da ich jetzt schon etliche Male zugesehen habe, kann ich diese jetzt schon ganz alleine an den Stiefeln befestigen.

Am Horizont kommt schon die Sonne, erste helle Streifen ziehen über die Bergrücken. Es ist ganz ruhig, nur das Knirschen unserer Stiefel durchbricht die Stille.
Endlos geht es einen Gletscher entlang. Über riesige Brüche und Eisschlünde führt unser Weg nach oben. Einmal bleiben wir stehen und schauen hinunter. Riesige Abbrüche, deren Ende ich gar nicht sehen kann, tun sich vor unseren Augen auf. »Wenn man da runterfällt«, sage ich schauernd zu Sigi.
Wir kommen rasch höher. Als wir eine Scharte erreichen, sehen wir in ein anderes Tal hinein. Wo man hinsieht: hohe, schneebedeckte Berge.
Mir fallen die tiefvermummten Gestalten ein, auf den Postkarten meines Bruders. Jetzt bin ich selbst eine vermummte Gestalt auf dem Weg zu einem Viertausender, auf dem Weg zum Gipfel, auf dem Weg zum Licht.
Mit dem Handrücken wische ich mir über die Augen, ein Traum hat sich für mich erfüllt: Ich bin der Schwere entwichen und hinaufgestiegen in die Freiheit.
Der Grat, der zum Gipfel führt, ist schmal. Wir müssen sehr vorsichtig sein. Schritt für Schritt geht es höher. Schneefahnen wirbeln um unsere Köpfe.
Dann geht es nicht mehr weiter, und wir stehen auf dem Gipfel der Dufour-Spitze. Strahlend geben wir uns die Hände.
Der Mann aus der Hütte, den wir mitgenommen haben, ist müde, um nicht zu sagen erschöpft. »Siehst du«, sagt Sigi zu ihm, »das Mädel ist dem Gipfel sehr gut gewachsen!«

Er nickt nur. Dann nehmen wir das Seil und machen uns auf den Rückweg.
Wind kommt auf und treibt mir Eis und Schnee ins Gesicht. Als wir wieder am Grat sind, überkommt mich ein unbeschreibliches Gefühl des Glückes und der Stärke. Der Wind trägt mir eine Botschaft zu, der Wind, der immer eine große Rolle in meinem Leben gespielt hat. Sie lautet, daß er mich hochtragen wird, in die Lüfte, in die Berge. Ich solle nur wiederkommen, und er würde mir all die Schönheiten und Geheimnisse verraten. Ich müsse nur wiederkommen.
Ich bin wieder in einem meiner Märchen gelandet mit meinen Träumen. Dieser Traum hebt mich hoch von den Gletschern, ich bewege mich wie mit Schwingen.
Unser Mann aus der Hütte ist müde, er bleibt stehen, hält sich den Kopf. Wir bleiben auch stehen und warten auf ihn. »Es friert ihn an den Händen, wir müssen auf seine Hände aufpassen«, sagt Sigi. Er massiert ihm die Hände. Der Wind flüstert mir wieder zu, er betört mich, und ich schaue in die Wolken. Der Wind bringt aber auch die Kälte mit. Mich friert es nicht an den Händen, mir ist sogar heiß.
Wir gehen über die Gletscher, die Tiefen und Gletscherbrüche vor unseren Augen. Sigi sucht den richtigen Übergang. Der Schnee knarrt unter seinen Füßen, die Tiefe stöhnt.
Wenn die Brücke nicht hält, wenn wir alle runterfallen in diese weiße Hölle? Niemand könnte uns helfen, niemand könnte uns heraufholen. Die weißen Brüche sind an die hundert Meter tief.

Während ich über die Brücke gehe, sehe ich in die Tiefe. Wie eine weiße Höhle ziehen sich Gänge um Gänge durch ein geheimnisvolles Labyrinth.
Unser Mann aus der Hütte bleibt stehen und ringt um Luft. Er ist ganz weiß um die Nase. »Der Wind«, stöhnt er, »die Höhe, ich kann nicht mehr.«
Er liebt den Wind nicht, denke ich. Er hat Angst, daß er ihm was tut. Er ist sehr töricht, dieser Mann. Er liebt den Wind nicht, und deshalb hat er Schwierigkeiten. Warum liebt er den Wind nicht? Der Wind ist doch viel stärker als er! Er liebt die Berggötter nicht, und deshalb lieben sie ihn auch nicht.
Mitleidig sehe ich ihn an, doch ich kann ihm da nicht helfen. Ich kann ihm nicht erklären, was er falsch macht.
Der Wind faucht über die Gletscher, läßt seine Finger steif gefrieren. »Ich erfriere«, jammert er. Er setzt sich in den Schnee.
Sigi ist bei ihm, redet ihm gut zu. Der Mann steht wieder auf und geht langsam weiter.
Der Wind kann mir nichts anhaben, der Wind ist mein Freund. Sigi macht das Wetter auch nichts aus. Er hat an seinen Haaren lauter kleine Eisstücke hängen, seine Augen sehen lustig aus.
Wir kommen wieder in die Moränen, springen von einem Stein zum anderen. Da ist die Berghütte. Der Mann ist sehr erleichtert, weil er sich in Sicherheit fühlt. Sigi und ich gehen zu den Murmeltieren.
Ich schließe die Augen und sehe mich nochmals über den schmalen Grat wandern. »Habe ich das wirklich

alles erlebt?« frage ich Sigi. »Das ist einfach nicht zu glauben!«
Die Sonne versinkt am Horizont, sie ist glutrot. Das Licht über den Moränen und den Gletschern ist jetzt sanft und still. Bald wird wieder die Dunkelheit einbrechen.
Morgen werden wir wieder hinaufsteigen in die weißen Berge, denke ich.

Als wir abends unsere Brote essen, wird Sigi wieder von einem Mann angeredet. Er heißt Werner und möchte morgen mit uns zur Lyskamm-Überschreitung mitkommen.
»Gut«, sagt Sigi. »Ich nehme dich mit.«
Wieder ist es noch dunkel, als wir aufbrechen. Mit Stirnlampen gehen wir über die Moränen, wie am Vortag. Wir gehen über die Gletscher.
Ich singe und bin übermütig.
»So übermütig?« sagt Sigi. »Wenn man morgens singt, bringt das kein Glück!«
Kein Glück, denke ich. Eigentlich möchte ich nicht auf den Gletscher, ich möchte nicht auf den Gletscher ...
»Eigentlich möchte ich hierbleiben, Sigi. Sigi, komm, wir bleiben hier. Bitte, bitte, geh nicht auf den Gletscher«, das möchte ich sagen. Doch ich sage nichts.
Warum habe ich nur plötzlich solche Angst, solche Angst ...? Es wird etwas Schreckliches passieren.
»Du mußt dich überwinden«, sage ich mir. »Es wird schon gehen. Das Gehen wird dich erleichtern.«
Ich fühle mich bleischwer und unendlich müde. Am

Horizont färbt sich der Himmel. Allmählich, ganz langsam, wird es heller.
Wir gehen über den Gletscher. Werner geht voran. Ich versuche ihm zu folgen, komme gut nach. Sigi geht als letzter. Ich möchte zu ihm gehen, möchte sehen, daß er noch da ist. Was ist nur los, warum habe ich so eine verdammte Unruhe. »Sigi, paß auf«, will ich sagen.
Eben noch sehe ich seine schwarzen Haare. Da passiert es.
Sigis Haarschopf verschwindet plötzlich unter der weißschimmernden Fläche. »Sigi!« Da, endlich kann ich schreien. »Sigi, Werner!«
Sigi ist weg. Sigi ist weg, er ist verschwunden in der weißen Hölle. In den tiefen Gletscherbrüchen ist er verschwunden! Da, schon krieg' ich einen höllischen Zug nach vorn, in die Richtung, in der Sigi verschwunden ist. Ich stürze, und mit einem rasenden Tempo zieht mich das Seil, das mich mit Sigi verbindet, auf den weißen Abgrund zu.
Alles geht wahnsinnig schnell. Sekundenschnell drehe ich mich auf dem Eis, so daß ich mit meinen Steigeisen nach unten komme. Ich will nicht mit in die Tiefe gezogen werden!
Ich liege auf dem Eis, das Seil spannt sich und geht nach unten in die Gletscherspalte.
Werner ist ebenfalls mitgerissen worden, stürzt, kommt jedoch auch zum Halten.
Minuten vergehen, und nichts geschieht. Mir nimmt es fast den Atem vor Anstrengung und Angst.

Werner reagiert als erster. Er schreit Sigi in der Gletscherspalte zu. Keine Antwort.
Was ist los mit Sigi, was ist ihm nur passiert? Das Seil schneidet in meine Brust. Wie lange können wir so noch verharren?
Da kommt eine schwache Stimme aus der Tiefe. Sigi, oder ist es nur eine Täuschung?
Es ist immer noch dämmrig. Weit drüben auf dem Weg zur Dufour-Spitze sieht man einige kleine wandernde Lichter, Bergsteiger mit Stirnlampen auf dem Weg zum Gipfel.
Werner sagt, wir können keinen Pickel verankern, wir können überhaupt nichts machen, da Sigi alle Eisschrauben im Rucksack hat. Wir können ihm nicht helfen.
Ob die uns zu Hilfe kommen können, denke ich, ob die rüberkommen können?
»Wir müssen um Hilfe rufen, wir können allein überhaupt nichts machen«, sagt Werner.
Ich liege auf dem Boden, mit den Steigeisen stemme ich mich gegen den weißen Abgrund, gegen die höllische Gletscherspalte. Bin ich nicht schon ein wenig weiter gerutscht in Richtung Abgrund?
Was ist, wenn niemand kommt?
Wir schreien um Hilfe, erst Werner, dann ich. Drüben hören sie uns. Sie antworten, die wandernden kleinen Lichter bleiben alle auf einem Fleck stehen, schauen zu uns herum. Jetzt sind wir gerettet, denke ich, bald werden sie kommen und uns zu Hilfe eilen.
Schon sehe ich eine Schar von Bergsteigern über den

Gletscher kommen, sehe Seile und Eisschrauben, sehe Sigis schwarze Locken aus dem dunklen, eisigen Gletscherschlund über die Eisfläche kommen. Sigi, Sigi, was ist dir passiert?

Niemand kommt, es bleibt still. Die Bergsteiger haben es versucht, aber der Gletscher ist zu heimtückisch, zu spaltenreich, zu gefährlich. Sie können uns nicht helfen.

Kostbare Zeit vergeht, und nichts passiert.

Da hören wir eine Stimme, Sigi! Jetzt hören wir ihn ganz deutlich: »Ich ertrinke! Hört ihr mich? Ich stehe bis an die Ohren in eiskaltem Gletscherwasser!«

Werner versucht den Pickel ins Eis zu treiben, um eine Verankerung zu machen, um Sigi mit einem Flaschenzug aus der Spalte zu ziehen. Das Eis ist hart und unnachgiebig, er kriegt den Pickel nicht ins Eis. Keine Chance!

Ich schaue zu Werner, wir kennen uns kaum, doch jetzt, in dieser Situation, sind wir uns ganz nahe, da wir beide hilflos ausgeliefert sind. Verloren. »Ich gehe runter, ich muß ihn holen«, sagt Werner. Doch wir wissen beide, daß dies nicht möglich ist.

Minute um Minute vergeht. »Mein Gott«, denke ich, »hätte ich ihn nur gewarnt. Warum habe ich nichts gesagt!«

Es ist kälter geworden. Die Minuten, bevor die Sonne richtig herauskommt, sind die kältesten draußen auf den Gletschern. Wir sind wie erstarrt, schauen dem Seil nach, das im Abgrund verschwindet.

Ich bete leise. »Herr, bitte, dieses eine Mal noch. Bitte

laß ein Wunder geschehen«, sage ich leise in mich hinein. »Bitte laß ihn überleben! Gib, daß etwas geschieht, das ihn rettet. Bitte hilf uns!«
Im Geiste sehe ich mich schon langsam dem Abgrund zu gehen und in der weißen eisigen Tiefe verschwinden.
»Nein«, schreie ich.
Werner hat mich gehört. Er sagt kein Wort. Vor uns liegt trostlos der Gletscher, eine unendliche weiße, gnadenlose Fläche.
Wieviel Zeit ist vergangen, wieviel Minuten, was ist mit Sigi?
Die Gruppe mit den weißen Lichtern an der Stirn steht immer noch zusammen. Wir hören die Stimmen der Bergsteiger, doch wir können nichts verstehen. Wir verstehen nur, daß uns niemand helfen kann.
Langsam erfaßt mich eine unendliche Leere, ich spüre die tödliche Kraft der Natur: Ich erfriere mit Sigi und werde zu einem eisigen Klumpen.
Doch da spüre ich in meinem Herzen plötzlich eine Wärme, und ich weiß, daß noch nicht alles vorbei ist. Es ist wie ein Strahl, der von mir zu Sigi geht, zu ihm, der, den eisigen Tod vor Augen, in diesem höllischen Gefängnis eingesperrt ist. Ich spüre einfach, daß Sigi nicht sterben muß.
Werner ist etwa zehn Schritte von mir entfernt, hält das lebensrettende Seil straff in der Hand. Mir kommen Zweifel. Werner sieht leichenblaß aus. Wie lange wird er noch aushalten?
Um uns herum herrscht eine tödliche, eisige Stille. Warum dauert es nur so lange, bis die Sonne kommt

und ihre wärmenden Strahlen aussendet! Werden wir für ewig in dieser Eiswüste bleiben müssen? Wird sie für uns zum Grab werden? Werden diese kleinen Lichter denn nie zu Ende sein, werden sie zu Irrlichtern werden?

Doch da ist wieder die Hoffnung, jenes ewige Licht in meiner Seele. Es muß ein Wunder geschehen, es wird ein Wunder geschehen! Ich bete. »Bitte, Herr, rette ihn!«

Nichts geschieht. Langsam zerschneidet das Seil unsere Handflächen. Langsam und stetig tropft das Blut aufs Eis.

Es ist immer noch dämmrig, und eine Kälte, die nicht von den Gletschern kommt, zieht uns zusammen. Doch in meinem Herzen ist immer noch eine kleine Flamme, ist immer noch Hoffnung.

Da sehe ich einen schwarzen Lockenkopf aus dem Eis auftauchen, so plötzlich und überraschend, daß ich vor Schreck und Freude fast das Seil loslasse.

Ein völlig rot angelaufenes, fast erfrorenes Gesicht kommt aus dem weißen Schlund empor. Langsam schiebt sich ein Körper über den Eisschlund. Sigi! Oder ist es sein Geist?

Tropfnaß und zitternd liegt ein fast lebloses Bündel Mensch auf dem Eis. Mein Gott! Sigi! Er lebt! Er hat sich selbst gerettet!

Werner und ich sind so fassungslos, daß wir erst gar nicht reagieren können.

Dann ist meine Starre weg. »Sigi«, rufe ich und will auf ihn zustürzen.

»Vorsicht«, schreit er, »das Eis kracht zusammen!« Langsam bewegt er sich in unsere Richtung, schleppt sich die drei Meter zu uns herauf.
Geschafft! Wir reißen schnell warme Sachen aus den Rucksäcken, reiben seine Hände.
Sigi geht es erstaunlich gut. Er zieht sich an Ort und Stelle um, dann erzählt er, und seine Worte überschlagen sich. »Plötzlich ist die Schneebrücke unter mir abgebrochen, ich bin in eine schwarze Hölle gefallen. Gestürzt und gestürzt, bis ich an einem Eisvorsprung hängenblieb. Dann, als ich zur Besinnung kam, stand ich im eiskalten Gletscherwasser, die Kante ist abgebrochen, und ich fiel noch weiter.
Da stand ich bis zum Hals in diesem Wasser und wußte im ersten Moment nicht, was ich tun sollte«, erzählt er weiter. Und während er erzählt, leuchten seine schwarzen Augen schon wieder listig zu mir herüber.
Ich stehe nur da und bin sprachlos. »Was hast du dann gemacht, erzähl«, fordere ich ihn auf.
Er holt tief Atem, stülpt sich eine andere, trockene Mütze über seine nassen Wuschelhaare. Eine schwarze Locke schaut neckisch aus der Mütze heraus. »Ich habe schnell überlegt, was ich als erstes tun soll. Ich habe, im Wasser stehend, erst mal meinen Rucksack abgenommen, hab' Eisschrauben rausgeholt. Ich mußte ganz schnell handeln, da die Kälte mich sonst umgebracht hätte. Also, ich wollte eine Eisschraube anbringen, doch das gelang nicht sofort. Da habe ich gerufen, daß ich sterben würde, weil mir einen Augenblick danach war.«

»Das haben wir gehört«, sagt Werner aufgeregt.
»Beim zweiten Anlauf ist es dann gegangen. Die Eisschraube hat gehalten, ich habe noch eine Schlinge angebracht, einen Karabiner, dann habe ich mich aus dem Eiswasser gezogen, mich selbst an die Schlinge, an den Eishaken gebunden.
Es war ganz finster, und das Gletscherwasser hat unter mir heimtückisch geplätschert. Jetzt hab' ich nochmals im Rucksack nach einer zweiten Eisschraube gefischt. Es gelang mir, sie anzubringen, was sehr mühsam war, da meine Finger fast erfroren und unbeweglich geworden sind. Ich bin noch einen halben Meter weitergestiegen, hab' meinen Rucksack einfach liegenlassen da unten beim Teufel in der Eishölle und habe schnell die erste Eisschraube genommen und wieder reingeschraubt. Wieder weitergeklettert, wieder geschraubt. So habe ich gearbeitet. Immer im Kampf gegen die Zeit, gegen die Finsternis, gegen die Unterkühlung, gegen den Tod.
So kam ich höher und höher und – bin den Göttern des Eises noch einmal entronnen, oder vielleicht haben sie gemerkt, wie stark ich bin!« Jetzt zittert Sigi am ganzen Körper.
Am Horizont ist jetzt die erste Sonne. Zarte rote Streifen überziehen den grauen Himmel, es wird langsam Tag.
Wir packen die nassen Kleider von Sigi in einen Rucksack und machen uns auf den Weg zur Hütte zurück. Sigi muß schnellstens ins Warme kommen, damit er nicht einen Kälteschock erleidet. Werner und Sigi hasten über den Gletscher, während zwischen beiden ich in der Mitte ans Seil gebunden bin und versuche das Tempo mitzugehen.

Als wir die Moränen erreicht haben, binden mich die beiden Männer einfach aus und laufen los, laufen hinunter ...
Jetzt, wo wir alle in Sicherheit sind, lasse ich mir Zeit. Wie ich so gehe und an die gerade überstandene Situation denke, merke ich, wie mir die Knie zittern vor Aufregung und durchstandener Angst. Die Berge scheinen an Glanz verloren zu haben, oder sehe ich sie anders? Sie haben sich für uns von der gefährlichsten Seite gezeigt, wir haben dem Tod ins Auge gesehen.
Die Hütte ist leer. Alle Bergsteiger sind unterwegs. Der Hüttenwart weiß schon, was passiert ist. Während wir in einer Ecke hocken und zusammen heißen Tee trinken, versucht Sigi, sein durchstandenes lebensgefährliches Abenteuer zu verdrängen, indem er uns nochmals alles erzählt, erzählt und erzählt.
Werner hat inzwischen Sigis Hände untersucht und festgestellt, daß er wie durch ein Wunder keine Erfrierungen hat. Auch seine Füße sind in Ordnung.
Wir bleiben den ganzen Tag in der Hütte, ruhen uns aus, essen Schokolade, trinken Tee.
Draußen ist jetzt alles so wie am Vortag, die Murmeltiere spielen in der Sonne, sie pfeifen und rennen um die Wette. Der Lyskamm steht im gleißenden Licht des frühen Mittags, seine Eisflanken sind steil und abweisend, faszinierend. Der Monte Rosa steht funkelnd im Licht und strahlt wie an einem Festtag – ein herausgeputztes schönes Schloß.
Manchmal dringt ein furchtbares Donnern an unsere Ohren: Lawinen.

Am nächsten Tag brechen wir auf. Als Sieger und als Verlierer verlassen wir die Monte-Rosa-Hütte. Wir sind froh, daß wir noch am Leben sind.
Die Murmeltiere pfeifen, und es ist so, als wollten sie uns verabschieden. Heimlich winke ich ihnen zu. Die Herde von Steinböcken ist auch wieder da, sie grasen ruhig in ihrem Tal, am selben Platz sogar.
Alle unsere Erfahrungen und ein Teil eines gelebten Lebens lassen wir in dieser Eisregion. Wir sind uns dessen bewußt, daß wir dieses Erlebnis nie vergessen werden, daß es immer ein Teil unseres bewußten Lebens sein wird, vielleicht sein muß. Mit einemmal begreife ich, daß wir immer nur Besucher sein werden, wir sind hier nicht zu Hause, unsere Gesetze unten im Tal sind andere. Die Berge haben uns gelehrt, was wir sind, sie haben uns unsere Grenzen und den Platz gezeigt, ihn uns zugewiesen.
Die Luft flimmert verführerisch, und schon spüre ich instinktiv, daß ich wiederkommen werde, wiederkommen muß.
Die Gletscher liegen längst hinter uns, und wir gehen über die Almwiesen. Schmetterlinge fliegen über die Blüten der Almrosen, alles sieht so harmonisch aus. Die Sonne zaubert kleine seidene Fäden in Sigis Lockenpracht, es sieht aus wie ein Spinnengewebe. Er wird auch wieder vergessen, wird wieder hierher zurückkehren.

Meine Eltern sind gerade im Kuhstall und versorgen unsere sieben Kühe.

Ich gehe durch die Küche, durch den Flur, der zum Stall führt, auf der Suche nach meinem Vater. Als ich ihn auf seinem Melkstuhl erblicke, überkommt mich eine unheimliche Freude. Alles ist so wie immer, alles ist so vertraut.
Über die alten Holzdielen gehe ich auf meine Eltern zu.
»Ich war auf dem Matterhorn! Ich habe mit Sigi das Matterhorn bestiegen«, sage ich ganz einfach.
»Was hast du gemacht?« sagt mein Vater und rückt seinen Melkstuhl zurück.
»Auf dem Matterhorn war ich«, sage ich mit strahlendem Gesicht.
»Auf dem Matterhorn war sie! Meine kleine Tochter war auf dem Matterhorn«, sagt Vater stolz. »Meine Berghexe hat diesen schweren Berg bestiegen.«
Meine Mutter zieht ein Gesicht, sie schmollt. »Du hast uns vorher nichts gesagt! Was hätte dir alles passieren können!«
»Es ist nichts passiert«, sage ich stolz. »Überhaupt nichts!« Dann erzähle ich alles, was sich in den letzten Tagen ereignet hat.

Von jetzt an verändert sich vieles. Ein Mädel hat das Matterhorn bestiegen! Ich bin auf einen Schlag so was wie berühmt geworden. Im Alpenverein werde ich befragt, in der Schule. Überall werde ich angesprochen.
Mein Bruder hat mir gratuliert. Er hat ein sehr ernstes Gesicht dazu gemacht, und ich habe ihm angesehen, wie hoch er meine Leistung eingeschätzt hat, wie er sich gefreut hat.

»Du wirst nicht immer Glück haben« – Der Traumberg

Der Sommer geht so dahin. Alles ist so wie immer. Tagsüber wird geheut, abends spiele ich mit meinen jüngeren Geschwistern. Ich entlaste meine Mutter, so gut es eben geht, und sie ist bemüht, mir Nähen und Kochen beizubringen und mich in den Haushalt einzulernen. Ich nehme die Dinge zwar an, doch richtig interessieren tun sie mich nicht.
Einmal gehe ich aufs Arbeitsamt und lasse mich beraten über meinen weiteren Lebensweg, den beruflichen. Der Beraterin erzähle ich von meinen Neigungen, meinen Hobbys, und schon landen wir wieder beim Matterhorn. Schließlich ist es vorläufig das wichtigste Ereignis in meinem Leben, außerdem hat es bei den Leuten auch für den meisten Wirbel gesorgt. Die Beraterin ist so angetan von meiner Leidenschaft, daß sie mir rät, Sport und Gymnastik zu studieren.
Gymnastiklehrerin hört sich für mich ganz gut an. Ich kann mir zwar nicht ganz genau vorstellen, was da alles verlangt wird, doch allein das Wort Lehrerin und die vielen Ferien, die damit verbunden sein sollen, tun ihre Wirkung auf mich.

So beschließen wir, daß ich Lehrerin werden soll! Dieses Studium kann man auch ohne Abitur machen, das bedeutet, daß ich eigentlich gleich damit anfangen kann.
Als ich nach Hause komme und Mama von meinem Entschluß erzähle, ist sie genauso angetan davon wie ich, obwohl sie auch nicht so recht was anfangen kann mit der Berufsbezeichnung Gymnastiklehrerin.
Die Tatsache, daß ich studieren kann, noch dazu ohne Abitur, läßt uns alle Zweifel über Bord werfen, und »wir« entschließen uns zu diesem Beruf.
Ich bewerbe mich. Prompt bekomme ich eine Zusage und einen Platz in einer Schule in München. Die Schule beginnt erst im Frühjahr, so bleibt mir noch ein halbes Jahr Zeit.
Um die Zeit zu überbrücken und um ein wenig Taschengeld zu verdienen, nehme ich eine Arbeit in einem Spielwarengeschäft in Isny an. Da ich mein ganzes Leben in einer Großfamilie mit Kindern zugebracht habe, ist mir der Job fast auf den Leib zugeschnitten.

Meine Mutter steht am Küchenherd und kocht für uns das Mittagessen, als der Postbote kommt. Er bringt eine Karte von meinem Bergfreund Sigi. Mit einem Bergspezl hat er die Nordwand der Grandes Jorasses gemacht, den berühmten Walkerpfeiler. Gelb und unheimlich steil steht die Nordwand auf eisigen wilden Gletschern.
Da ist sie wieder, jene Faszination, jene Spannung, die ich mir nicht erklären kann. Ich schaue mir das Foto an

und bin hingerissen. Von meinem Bruder weiß ich, daß diese Tour eine der schwersten klassischen Nordwand-Besteigungen in den gesamten Alpen ist. Die Grandes Jorasses, ein Traumberg, für mich unerreichbar!
Ich lege den gelben Pfeiler auf die Küchenkommode zu den anderen Papiersachen, doch in meinem Herzen ist ein Stachel, zugleich brennt ab sofort ein heimliches Feuer. Die Nordwand, die größte und schwerste Nordwand der Alpen, vielleicht könnte ich sie machen ...
Meine Mutter sieht es nicht mehr so gerne, wenn ich jetzt in die Berge fahre. Ich kann sie verstehen, sie hat Angst.
»Weißt du, Mama«, sage ich, »da oben sind die Farben des Himmels ganz anders, der Schnee leuchtet in einem ganz besonderen Licht. Ich muß einfach wieder gehen und mir das alles ansehen.« Ich erzähle ihr von langen Gletschern, von Eisbrüchen, die aussehen wie Türme, und von verwunschenen Schlössern.
»Aber hier ist es doch auch schön, Reinhilde. Warum mußt du immer den Wunsch haben, in die Berge zu gehen?«
»Ich kann es dir nicht genau erklären, Mama. Es ist was Besonderes, was von diesen Bergen ausgeht, etwas Magisches, das mich unheimlich anzieht.«
»Nimm dich in acht, du wirst nicht immer Glück haben.«
»Ich weiß, daß es gefährlich sein kann«, sage ich. Nachdenklich gehe ich vor unser Haus. Da höre ich die Stimmen meiner kleineren Geschwister, die oben auf dem Berg neben unserem Gehöft spielen.

In einiger Entfernung sehe ich den Hochgrat, den Falken, die ganze Nagelfluhkette, die Allgäuer Alpen.
Da fällt mir ein, daß ich noch nie in meinem Leben über die Nagelfluhkette gewandert bin, während ich schon auf dem Matterhorn war. Das Matterhorn war eben etwas Besonderes für mich, die Nagelfluhkette nicht.
Wieder taucht der einsame, abweisende Pfeiler der Nordwand der Grandes Jorasses vor mir auf. Wenn ich diese Nordwand mache, bin ich eine versierte Bergsteigerin, gelte als eine der ganz Extremen. Und dazu noch eine Frau! Ob wohl schon eine deutsche Frau durch den Pfeiler gekraxelt ist?
Niemandem darf ich von meinen heimlichen Gedanken, von meinen Plänen erzählen! Ich muß mich still und bescheiden an diese Wand heranmachen, muß so trainieren, daß ich es wagen kann.

Es ist Herbst geworden. Wir sind bei der Apfelernte. Das bedeutet, daß wir alle draußen unter den Bäumen versammelt sind. Die Äpfel müssen aufgesammelt, in Kisten verpackt und in den Keller getragen werden.
Papa schüttelt mit einer langen Stange, an der ein Haken befestigt ist, um die Äste gut zu erreichen, an den vollen Baumästen. Die Äpfel fallen herunter, kullern über das Gras, manchmal trifft uns auch einer am Kopf, wenn wir nicht aufpassen.
Der Herbst bringt den Wind mit. Meine kleinen Geschwister gehen mit Drachen auf die Felder und lassen sie steigen. Von den Feldern kommt ein lautes und übermütiges Lachen. Die bunten Papierungeheuer werden

vom Wind hochgetragen, schaukeln mal nach links, mal nach rechts. Der Wind spielt mit ihnen.
Die Bäume sind jetzt schon ganz kahl, die Blätter hat der Wind davongeweht.

»Hallo, Bergfee, kommst mit?« – Kletterfahrten

Am Wochenende, am Samstagabend, wenn es schon dunkel ist, gehe ich in die Berge.
Da ich noch keinen Führerschein habe – ich bin ja erst siebzehn –, fahre ich wie immer nach der altbewährten Methode, einfach per Anhalter.
Mein Ziel ist immer das gleiche, ich fahre in die Tannheimer Berge.
Niemand kann meine Leidenschaft so richtig verstehen. Nicht einmal ich selbst kann genau sagen, was mich da so stark anzieht. So mache ich mir nicht weiter Gedanken darüber, sondern fahre einfach los durch die Nacht, steige von einem Auto ins andere, fahre und fahre, so lange, bis ich am Ziel bin. Immer ist es der gleiche Talort, Nesselwängle, ein kleines Nest in den Tiroler Bergen.
In der Dunkelheit, jetzt im Winter, nehme ich, still und allein, meinen einsamen Weg auf, meinen Weg in die kalten Wände, meinen Weg in die Freiheit, die ich selbst nicht richtig begreife.
Der Hüttenwirt kennt mich schon.
Ich hole meine mitgebrachte Brotzeit heraus und esse.

Dann lege ich mich schlafen in eins der Lager. Um diese Zeit ist die Hütte nicht sehr voll.
Am nächsten Tag gehe ich klettern, mit Zufallsbekannten. Mit Leuten, die ich kaum kenne, die mich einfach mitnehmen, die mich ans Seil binden, um mich durch eine der verschneiten, um diese Jahreszeit unwirtlichen, abweisenden Wände zu führen.
Langsam werde ich damit vertraut, bei noch so kaltem Wetter, bei Schnee und Wind, bei Unwetter und Sonnenschein im höchsten Schwierigkeitsgrad zu klettern. Die anderen, die mich mitnehmen, spornen mich an, setzen ihr Vertrauen in mich, und so wachse ich förmlich über mich selbst hinaus.

Wir sind im Zentralpfeiler der Roten Flüh, einer überhängenden, auf den ersten Blick furchterregenden Wand. Zwei gute Kletterer haben mich wieder einmal, wie so oft, einfach mit ans Seil gebunden.
Da stehen wir zwei Schwächeren, während der Mutigste von uns dreien die erste Seillänge in Angriff nimmt. Wir schauen auf die steilen, überhängenden Felsen. Es ist kalt und noch unfreundlich, hier in den Südwänden dieser Roten Flüh.
Manchmal, dann, wenn Egon kurz davor ist zu stürzen, schaue ich einfach weg, halte mich am Seil fest und bete einen kurzen Vers aus der Bibel.
Endlich hat er Stand, und wir können nachturnen.
Jetzt, wo ich selber in den Leitern hänge und nach unten auf meinen Bergkameraden schaue, kommt mir die Tour gar nicht mehr so schwer vor. Ich steige in den

Sprossen der Leiter hoch, habe ein weitabdrängendes Dach überwunden. Dann bin ich wieder am Fels und habe ein sichereres Gefühl als in den hin und her wakkelnden Strickleitern. Egon gibt mir die Anweisungen von oben, wenn er mich sieht.
Die beiden Männer haben mir gesagt, daß ich eine der ersten Frauen bin, die da durchsteigen. Noch nie habe ich mich damit beschäftigt, und doch ist mir gleich wieder die Nordwand der Grandes Jorasses eingefallen. Über diese Wand hat jemand mal das gleiche gesagt.
In der dritten Seillänge – wir beiden anderen, die nur nachsteigen, stehen auf einem abschüssigen Podest – fliegt Egon, der Führende. Wir halten am Seil, ziehen das Nylonseil ein. Doch er hat sich schon wieder gefangen.
Mit neuer Kraft und mit einer Salve von Flüchen greift er sofort wieder an. Ihm ist nichts passiert, der überhängende Fels hat ihn weggedrängt, und er ist einfach wie eine Spinne im Seil hängengeblieben. Wie ein Pendel schlägt er hin und her.
»Ein Haken ist mir ausgebrochen«, schreit er und fuchtelt wie ein Wilder in der Luft. »So was Blödes«, schimpft er. »Können diese Blödiane denn nicht richtige Haken reinhauen, wenn sie schon unbedingt da hinaufgehen müssen, wenn sie schon unbedingt so eine überhängende Wand hochkraxeln müssen!«
Egon schimpft sich in Rage und mobilisiert zugleich immer wieder neue Kräfte. Während er wie ein Rohrspatz schimpft, grinsen wir vierzig Meter weiter unten

heimlich. »Du machst das schon«, rufen wir. »Du kommst da schon drüber.«
Wieder versucht er es, und diesmal klappt es. Als er oben ist, hört er auch auf mit dem Geschimpfe und lacht über das ganze Gesicht. Erleichtert steigen wir über den grauen Fels zu ihm rauf.
Längst ist die Sonne gekommen. Sie scheint jetzt so stark, daß wir unter unseren Helmen schwitzen.
»Wie geht's dir, Reinhilde? Wie geht's unserem Küken?« ziehen die beiden mich auf.
Obwohl ich mir den linken Arm angeschlagen habe und der ganz schön weh tut, entrüste ich mich. »Erstens bin ich kein Küken, und zweitens geht's mir ganz gut!« Ansonsten fühle ich mich gut und strahle über das ganze Gesicht.
»Nach zwei Seillängen sind wir aus den Hauptschwierigkeiten draußen«, sagt Egon.
Eigentlich wäre ich jetzt lieber unten in der Hütte, denke ich. Das denke ich manchmal. Aber warum mache ich das alles mit?
Wir sichern wieder, und Egon steigt weiter. Der Fels hat jetzt gelbliche Streifen. Als ich nachsteige, gehe ich ruhig, nutze die winzigen Tritte, die richtigen Griffe. Ein warmes Gefühl durchströmt meinen Körper, meine Seele, ich bin vollkommen eins mit mir.
In diesem halben Jahr bin ich zur extremen Bergsteigerin geworden, zu einer, die im höchsten Schwierigkeitsgrad klettern kann. Spielerisch fast, und nur, weil ich einem Traum nachgejagt bin.
Wir rollen das Seil auf, nachdem wir uns gegenseitig die

Hand gegeben haben, nicht nur als Gratulation, sondern auch aus Dankbarkeit, als Zeichen unserer Freundschaft, unseres Zusammengehörigkeitsgefühls.
Dann rennen wir um die Wette, jeder versucht so schnell wie möglich runterzukommen über die verschneiten Stufen und Platten.
Das ist nicht so ganz einfach, da der tiefe Schnee ziemlich hoch ist. Ich bleibe stehen, verschnaufe und blicke rüber zum Gimpel. Der Westgrat ist noch an manchen Stellen verschneit.
Von meinen Tourenfreunden sehe ich nichts, der eine ist ganz weit vorne, hat mich längst überholt, der andere ist noch ganz hinten.
Der Hüttenwirt vom Gimpelhaus kennt mich schon gut. Er begrüßt mich lachend, begeistert. »Ich habe euch gesehen«, sagt er. »Ihr drei seid durch den Zentralpfeiler!«
»Ja, das stimmt«, sage ich fröhlich, »wir sind durch den Zentralpfeiler geklettert.«
»Na so was, Geisenberger und sein Kamerad, die beiden Erstbegeher, würden sich freuen, wenn sie wüßten, daß du da durchgeklettert bist«, sagt der Hüttenwirt.
Mit den beiden Bergsteigern tausche ich die Adressen aus, das ist alles. Wir verabreden uns nicht fest zu einer anderen Tour, wir überlassen einfach alles dem Zufall. Vielleicht trifft man sich wieder, vielleicht auch nicht.

Vieles ist in diesem Frühjahr Zufall. In dem Jahr, kaum daß es begonnen hat, treffe ich eines Tages auf Georg Geisenberger. Wieder bin ich nach meiner Arbeit in

dem Spielwarengeschäft samstags in meine Hausberge gefahren. Wieder, wie schon so oft, per Anhalter.
Es ist eigentlich wie immer. Ich bin spät angekommen, habe meine Brote gegessen und mich dann schlafen gelegt. Dann morgens früh auf den Beinen, denn ich habe mit einigen Studenten eine schwere Tour an der Roten Flüh ausgemacht.
Die Sonne wärmt das Holz an der Hüttenwand. Der Schnee ist an den Südhängen bereits geschmolzen. Föhnstürme haben die Schneedecke weggefegt. An manchen schattigen Stellen liegt noch ein kleiner Rest. Gerade bin ich fertig damit, meine Schuhe anzuziehen, sie zu schnüren, da höre ich von draußen ein lautes Geschrei. Es ist Lachen, und es wird unterbrochen durch ein lautes Gepolter.
Als ich rauslaufe, um nachzusehen, treffen mich ein paar braune Augen.
Ein Mann mit braunen langen Haaren hält seine Hände in die Luft. Drei andere Männer versuchen ihm etwas zu entwenden. Sie lachen und sie balgen sich.
Ich gehe einfach an ihnen vorbei.
»Was machst du, kleine Fee?« höre ich plötzlich jemanden neben mir.
»Oh, ich gehe in zwei Minuten mit einigen Kletterern in die Südostwand der Roten Flüh!«
Er pfeift durch die Zähne. »Die ist aber nicht ganz einfach«, sagt er.
»Ja, ich weiß«, antworte ich und lasse ihn stehen.
Wir sind zu viert, die Studenten, drei junge Männer, und ich. Über steile Grashänge gehen wir zum Einstieg.

Ein langgezogener steiler Weg führt direkt an den Platz, wo wir anhalten, uns anseilen. Ich lasse mich von meinen Tourenkameraden ans Seil binden, ans andere Ende der vierzig Meter.

Der Fels ist noch naß, doch wir kommen rasch voran. In der dritten Seillänge sitze ich gerade auf einem steilen Felsabsatz, als ich von unten eine fröhliche Stimme höre: »Da bist du ja, fast hätte ich dich nicht mehr gefunden«, grinst er.

Erst sehe ich einen dunklen Haarschopf, dann zwei listige braune Augen. »Wie sitzt es sich da so auf dem Felskopf?«

»Oh, ganz gut«, sage ich.

Der langhaarige Mensch klettert an mir vorbei, einen steilen Riß hinauf. Flink und sehr geschickt geht er, es ist, als hätte er nicht den geringsten Respekt vor irgendwelchen Schwierigkeiten. Fasziniert schaue ich ihm und seinem Freund, der ihm folgt, nach.

Als mein Seilpartner mich ruft, klettere auch ich den steilen Riß hinauf. Der langhaarige Mann schaut mir von seinem Standplatz aus interessiert zu.

Jetzt versuche ich so schnell und so gut wie möglich über die schweren Kletterstellen zu gehen. Ich erreiche ein Wandbuch, trage mich ein, ruhe mich aus. Tief unten, weit unten, ist das Gimpelhaus, ist die Berghütte.

Von dem schwarzhaarigen Kerl ist nichts mehr zu sehen. Erst als wir den Gipfel erreicht haben, fällt er mir wieder ein.

Ich schlendere über den Normalabstieg in die Scharte,

wo der Grat zum Gimpel anfängt. Da sitzt er einfach in einer Grasmulde und schaut sich die schöne Landschaft an. »Da ist sie ja wieder«, lacht er, und seine weißen Zähne blitzen. »Willst du dich nicht zu uns hersetzen?« Ich setze mich zu ihm und seinem Bergfreund.
»Ich bin der Georg, und wie heißt du?« fragt er.
»Ich bin die Reinhilde«, sage ich.
»Was machst du so?« fragt er.
Nachdem ich ihm erzählt habe, daß ich aushilfsweise in einem Spielwarengeschäft arbeite, ab der nächsten Woche in München eine Schule für Gymnastik und Sport besuchen wolle, erfahre ich von ihm, daß er in München als Taxifahrer im Nebenberuf arbeite und im Hauptberuf Maschinenbau studiere. Damals, an diesem hellen Nachmittag, ahne ich noch nicht, daß gerade dieser Mann mit den dunklen Haaren, der aussieht wie ein Zigeuner, mein Partner für alle großen und wichtigen Bergtouren in den nächsten Jahren werden sollte.

Es ist alles so wie immer.
Wir arbeiten auf den Feldern, Steine müssen jetzt aufgesammelt werden, damit die Maschinen nicht beschädigt werden bei der Mäharbeit in einigen Wochen. Dieses Elternhaus hier in dieser Einöde ist tatsächlich wie eine Festung. Nichts verändert sich, alles ist immer gleich.
Zum zweitenmal in meinem Leben verlasse ich dieses Haus. Ich gehe nach München zum Studium.
Mama hat mir alles gepackt. Dann steht sie an einem frühen Nachmittag vor unserem Haus, um mich zu verabschieden. Vor beinahe drei Jahren habe ich mich

schon einmal verabschiedet, um in ein Lungensanatorium zu gehen. Jetzt bin ich kerngesund und gehe in die bayerische Landeshauptstadt, um einen Beruf zu erlernen.
Es hat geregnet, und um das Haus haben sich Pfützen gebildet. Das Licht spiegelt sich in Regenbogenfarben. »Mach's gut, Tochter«, sagt Mama. Weint sie, oder täusche ich mich? Flüchtig gibt sie mir einen Kuß auf die Wange.
Mit Sigi, dem Mann, der mich aufs Matterhorn mitgenommen hat, fahre ich in einem VW-Käfer in die Stadt. Ein Lichtermeer empfängt uns. Ich bin in einem Mädchenwohnheim untergebracht.
Ein neues Leben beginnt. Morgens bin ich jeden Tag in der Schule, einer bekannten Mädchenschule für Gymnastik. Ich bin eine der jüngsten Schülerinnen. Die Lehrkräfte versuchen mir Bewegungen, Tanz, Ballett beizubringen. Für mich ist das alles ziemlich aufregend, da ich vorher nie in einer so großen Stadt gelebt habe.
Mein Zimmer bewohne ich mit Paula, einer jungen Sekretärin, die im Abendkurs irgend etwas dazulernt. Wir teilen uns ein kleines Zimmer, und da ist es fast selbstverständlich, daß wir alles voneinander erzählen und mitbekommen.
Sie erzählt mir von Dingen, die in ihrer Firma passieren, und ich, da ich nichts anderes erlebt habe, erzähle ihr von zu Hause, von den Bergen.
Erst jetzt merke ich, wie sehr ich meine Geschwister vermisse. Manchmal liege ich einfach da, auf dem Bett, und stelle mir die Wohnstube vor. Dann sehe ich meine

Geschwister durchs Zimmer sausen, sich gegenseitig jagend, sich streitend, dann wieder versöhnt.

Die Ausbildung ist für mich wie jede Ausbildungsstelle eine Last. Ich gehe nur hin, um den Schein zu wahren, aber eigentlich hasse ich sie. Warum, kann ich nicht genau sagen, aber eigentlich finde ich es sinnlos, den ganzen Tag zu tanzen, zu hüpfen, zu springen.

Meine Schulkameradinnen haben ganz andere Interessen. Es ist, als käme ich von einem anderen Stern.

Während es draußen langsam wärmer wird, denke ich immer mehr an unsere Wiesen, an die Wälder. Eines Tages ist Georg da, er steht einfach vor der Tür. »Hallo Bergfee«, sagt er. »Kommst mit? Wir gehen weg!«

Erleichtert packe ich meinen Rucksack, verabschiede mich schnell von der Klosterschwester, die dieses Mädchenwohnheim leitet, und fahre mit Georg in die Freiheit, da wo die Täler und Wälder und der Himmel weit und unendlich sind.

Wir sind im Donautal, in einem Klettergarten in der Schwäbischen Alb. Unter den Kletterwänden haben wir ein Zelt aufgestellt. Der Wind ist noch frisch um diese Jahreszeit, er fegt durch die Talebene, und ich merke mit einemmal, daß ich wieder da bin, wo ich zu Hause bin, zu Hause bei dem Wind, bei den Sternen, bei dem Unfaßbaren.

Am nächsten Tag gehen wir klettern. Georg hat gleich eine sehr schwere Tour ausgesucht. Ich komme nicht hinauf, da ich plötzlich starke Kopfschmerzen habe. Es ist einfach zu schwer für mich. Wir seilen wieder ab.

In den nächsten Stunden werde ich von Tausenden von

Mutter Josefine und Vater Isidor mit Großmutter Viktoria (Mitte) und den ersten drei ihrer Kinder.

Reinhilde (2. von links, unten) mit ihren Geschwistern.

Der Vater (links) mit Freunden auf dem »Schwarzen Grat«, einem der Berge, die den Natterers einst gehörten.

Mutter und Großmutter (rechts) bei der Heuernte.

Ausflug mit Bruder Helmut zum »Schwarzen Grat«.

Mount Everest 1991. Nach 14 Tagen auf einer Höhe von 6400 m Ausflug ins Basislager zu den Expeditionskameraden.
Otto Huber / stern-Fotograf

Mutlos und verzweifelt nach einer schweren Tour. Der Expeditionskollege Rüdiger Lang aus Deutschland ist auf dieser Expedition erfroren.

Stechmücken, die sich hauptsächlich in einer Moorgegend aufhalten, gestochen. Ich bekomme Fieber und muß das Bett hüten, als ich wieder zurück in München bin.

Aber noch gebe ich nicht auf. Nochmals machen wir einen Anlauf, und wieder stürze ich. Die Tour ist einfach viel zu schwer.

Georg ist mit mir in einen anderen Klettergarten gefahren, in der Fränkischen Alb. Einen Tag später klappt es, ich schaffe die Klettertour mit Müh' und Not. Georg ist ganz stolz, ich bin eher gelassen, da für mich das Klettern viel mehr ist als nur Turnen. Für mich hat es einen sehr hohen Stellenwert, ist etwas Göttliches.

Die Schule schwänze ich jetzt immer mehr. Ich gebe mir einfach selbst frei, da ich der Überzeugung bin, daß die Berge für mich und meine Seele einfach wichtiger sind als ein paar blöde Gymnastikstunden.

Eine Ruine –
Biwakschachtel am Hochjochgrat

Georg und ich fahren zu einer großen Tour in den Ortler. Wir haben den Hochjochgrat am Ortler vor. Jetzt im Frühjahr eine große Tour, da selbst beim Anstieg zur Hütte noch sehr viel Schnee liegt.
Mit Georg beginnt zugleich auch so was wie ein Zigeunerleben. Wir schlafen in alten Heuschuppen, weil das nichts kostet, und essen am Lagerfeuer das, was wir uns gerade leisten können. Ein Restaurant kommt für uns nicht in Frage.
Wir sind in einem Stadel im Suldental gelandet. Georg hat mir von irgendwoher einen Fußsack und eine Daunenjacke besorgt, damit ich nachts nicht friere. Während es draußen langsam heller wird, spinnen wir unsere Gedanken und Träume, die alle um Berge und Schnee und Kälte und Überleben gehen.
Mit den ersten Sonnenstrahlen brechen wir auf. Georg ist immer sehr viel schneller als ich, und so gehe ich einfach in seinen Fußspuren hinterdrein den Weg zur Berghütte.
Es ist anstrengend, durch den tiefen Schnee bergauf zu stapfen. Manchmal bleibe ich stehen, schnaufe, doch

schon bald kommt meine Kraft, meine Begeisterung zurück.
Still und majestätisch stehen die Berge einfach da, die Nordwand der Königsspitze strahlt in einem seltsamen Licht. Und wieder ist mir, als würde die Natur mir Kraft geben. Ich schwebe, habe mit dem Tal unten, mit den Menschen gar nichts mehr zu tun, ich fühle mich wie in einer anderen Sphäre.
Wir haben das lange steile Tal verlassen und sind auf dem alten Hüttenweg, der ausgeapert ist, kurz vor unserem Ziel. Der Hütte. Ruhig liegt sie da auf einem kleinen Plateau, und es ist, als schaue sie einfach in den Himmel. Kein Lüftchen regt sich.
Georg nimmt mir den Rucksack ab. Mit einem Schlüssel sperrt er den Winterraum auf. Die Luft ist dick, da schon lange nicht mehr gelüftet wurde.
Dann sitzen wir vor der Hütte und stellen uns seelisch auf die Bergtour am nächsten Tag ein. Wir essen ein wenig – wie immer unsere Brote, Äpfel, Nüsse, schauen von Zeit zu Zeit auf die Nordwand der Königsspitze, dann rüber zu unserem Hochjochgrat zum Ortler.
Georg wird morgen die Tour führen. Ich verlasse mich voll auf ihn. Er hat auch die volle Verantwortung, weil er der Stärkere, der Erfahrenere ist.
»Eines Tages werden wir beide so steile Nordwände machen wie die Königsspitze«, sagt Georg. Ich schaue die Nordwand an, majestätisch und abweisend und in ihrer einsamen Schönheit faszinierend erhebt sie sich über den Gletschern.
Ich kann den Blick nicht von ihr wenden. Und doch ist

es mir im Augenblick noch unbegreiflich, wie ich da jemals hochsteigen soll. Sie sieht so glatt und steil und eisig, unbesteigbar aus.

Sobald die Sonne untergeht, wird es schnell kalt. Wir gehen zurück in den Winterraum. Georg hat einen Kocher mitgenommen, wir kochen uns einen Tee. Dann gehen wir schlafen, weil wir am nächsten Morgen zeitig auf den Beinen sein müssen.

Es ist noch stockfinster, als wir am nächsten Morgen die Hütte verlassen. Die kleine Stirnlampe weist uns den Weg zum Einstieg. Wir gehen angeseilt.

Als schwarzer Schemen hebt sich die Gestalt von Georg vom nächtlichen Himmel ab. Schritt für Schritt gehe ich diesem Schemen nach.

Wir reden nicht viel, die kalte Nachtluft brennt uns förmlich im Gesicht. Der Weg wird immer steiler und steiler. Abrupt bleibt Georg stehen und sagt, ich solle jetzt warten, ihn sichern.

Georg steigt eine steile Rinne hinauf. Als er eine Zeitlang gegangen ist, bleibt er stehen, sichert mich zu sich herauf. Ich setze meinen Pickel ein, benütze für den Aufstieg die steilen Zacken meiner Steigeisen.

So geht es eine Weile. Georg steigt als erster die steile Rinne hinauf, wartet, und ich steige nach.

Am Himmel zieht jetzt ein rosa Streifen über die grauen Wolken. Es wird Tag.

Ich stehe da und friere. Einen Augenblick wünsche ich mir, in der Hütte unten zu sein, wie gestern in die Sonne zu blinzeln, nichts zu tun, nur zu träumen.

Der steile Aufstieg zerrt an den Waden, sie brennen wie

Feuer. Als wir die Scharte erreichen, steht die Sonne am Himmel, es funkelt und glitzert.
Wir sehen in ein anderes Tal. Alles ist verschneit. Da erheben sich Felstürme, schauerlich abweisend. Dort ist ein stürzender Wasserfall, erstarrt zu einem Eispanzer. Es ist eine verzauberte Welt zu unseren Füßen.
Georg quert über Felsplatten, die verschneit sind. Manchmal lösen sich kleine Lawinen, donnern in die Tiefe. Der Schnee ist tief, trotzdem kommen wir gut voran.
Einmal rutsche ich, da sich wieder ein kleines Schneebrett löst. Im letzten Augenblick kann ich mich fangen.
Der Himmel hat sich zusammengezogen, Wolken haben sich aufgetürmt, weiße und graue. Sie versperren uns die Sicht nach unten, sie haben uns eingesperrt.
Da fängt es auch schon an zu schneien. Wind kommt auf und fährt uns in die Gesichter. Er wird immer stärker und stärker.
»Paß auf«, schreit mir Georg zu, »das Seil hängt!«
Ich steige wieder zurück über ein Felstürmchen, hauche meine Finger an, weil sie kalt sind, eiskalt.
Wir sind jetzt vorsichtig geworden, sind auf der Hut. Ganz langsam ziehen wir unsere Spur in Richtung Gipfel.
Wie lange sind wir schon unterwegs? Der Wind ist zum Orkan angewachsen. Wir halten uns fest an den eisigen Felsen. Der Wind nimmt mir den Atem, ich halte den Kopf weg und versuche weiterzusteigen.
»Das ist eine Hölle«, höre ich Georg. »Wir müssen weiter, sonst erfrieren wir noch. Wir müssen auf den Gipfel

und von dort versuchen, die Biwakschachtel zu erreichen. Wir müssen sie finden.«
Schritt für Schritt kämpfen wir gegen den Wind an, er spielt mit uns, versucht, uns die Luft zu nehmen, uns zu erdrücken, uns hinunterzublasen.
Verzweifelt halten wir uns fest, schauen zum Himmel. Wie wild gewordene weiße Drachen fliegen die weißgrauen Wolken herum. Sie tauchen auf, machen ihr großes gieriges Maul auf, speien Furcht und Schrecken, Kälte und furchtbare Stürme aus, tauchen wieder unter. Wieder wirbeln sie auf, fauchen ihre Wut hinaus.
Als wir endlich den Gipfel erreichen, stehen wir auf einem eisigen Untergrund. Wir knien auf dem Eis, halten uns fest, damit uns der Wind nicht wegbläst.
Ich schaue auf die tanzenden weißen Drachen, und eine wilde Freude überkommt mich. Ihr werdet uns nicht besiegen, heult es in meinem Herzen.
Wir sind jetzt auch nicht mehr nur zwei Bergsteiger, sondern zwei, die ausgerückt sind, etwas zu besiegen, einen Drachen. Genau wie in den Märchen.
»Wir müssen unter den Biwaksack und uns aufwärmen«, ruft Georg mich in die Gegenwart zurück. Mit Mühe zerrt er einen Sack heraus, wir schlüpfen beide darunter.
Die Welt um uns ist jetzt zu einem Inferno geworden.
»Bei dem Sturm werden wir die Biwakschachtel nie erreichen!«
»Wir werden sie schon finden«, schreie ich. Die Biwakschachtel, die rettende Insel, die Oase.
Wir kriechen auf allen vieren weg vom Gipfel, in die

Tiefe. Georg sichert mich von oben, und ich gehe einfach in den dicken Nebel und in die tanzenden Wolken. Der Schnee ist so tief, daß ich bis zum Bauch darin versinke.
Dann geht Georg wieder voraus, spurt uns mühevoll einen Weg durch die immer höher werdenden Schneemassen.
Es ist fast wie zu Hause, denke ich, wenn wir als Kinder gespielt haben in der Kiesgrube. Vielleicht täusche ich mich nur, und ich bin gar nicht in Gefahr? Vielleicht taucht gleich ein rettendes Haus auf, das unserer Nachbarn?
Weit und breit ist keine Biwakschachtel.
»Vielleicht steht sie nicht mehr«, schreit Georg. »Es wird bald dunkel werden, und wenn es erst mal dunkel ist, dann müssen wir im Schnee übernachten!«
Die Vorstellung, in dem tosenden Hexenkessel über Nacht bleiben zu müssen, treibt uns geradezu vorwärts. Weiter, weiter, wir müssen sie finden, wir müssen sie finden!
Der Schnee will uns ersticken, er ist zu unserem erbitterten Feind geworden. Unsere Lungen stechen, unsere Füße sind gefroren, die Hände brennen wie Feuer.
Georg wird sie finden, denke ich. Er ist ein erfahrener Alpinist, er muß sie finden!
Dann stehen wir plötzlich davor. Eine Tür schlägt hin und her, die Fenster sind eingedrückt, der Schnee liegt meterhoch in einer Ruine.
Ich unterdrücke einen Schrei. Die Biwakschachtel! Mein Gott, irgendein Unwetter hat diese Behausung,

die Bergsteigern in letzter Not helfen, ihnen Schutz bieten soll, völlig zerstört.
Es hilft nichts. Wir müssen trotzdem hierbleiben, denn den Weg zur Hütte schaffen wir bei diesem fürchterlichen Unwetter nie.
Wir stellen unsere Rucksäcke ab, da, wo früher mal eine geschützte Ecke war. »Hier sollen wir bleiben?« rufe ich und versuche meine Enttäuschung zu verbergen. Doch ich weiß im selben Augenblick, daß uns nichts anderes übrigbleibt. Durchhalten bis zum nächsten Morgen. Unsere Bekleidung ist zu einem einzigen Eispanzer geworden, wir frieren erbärmlich.
»Ich mache uns einen Tee«, sagt Georg. Er zaubert aus seinem Rucksack einen Minikocher, einen winzigen Topf, so groß wie eine Kaffeetasse, und macht sich an die Arbeit.
Ein wenig gibt uns die ehemalige Notbehausung Schutz. Die Außenwände stehen noch, sie halten unseren Feind, den wütenden Sturm, in Schach, lassen ihn nicht voll an uns herankommen.
Leise Flocken fallen durch das Dach auf den ehemaligen Hüttenboden. Der Schneeberg neben dem ehemaligen Ofen wird immer größer und größer.
Der Tee ist fertig. Er wärmt uns, gibt uns das Gefühl und etwas Hoffnung, nicht völlig ausgeliefert zu sein.
Der Wind hört sich von hier aus, von hier drinnen anders an. Er tobt zwar noch, aber er hört sich nicht mehr so bedrohlich an. So als wären wir ihm schon fast entronnen.
Kaum haben wir den Tee getrunken, fällt die Dämme-

rung auf uns herab. Dann ist es mit einemmal stockfinster. Gleichzeitig sinkt die Temperatur nochmals ab, und die Kälte kriecht tief in unsere Knochen, breitet sich aus wie ein böser Traum.
»Es ist kalt, Georg«, flüstere ich.
»Ja, es ist kalt«, sagt Georg.
Wir liegen auf einem alten verrotteten Rost, dem Überbleibsel eines ehemaligen Bettes, um nicht auf der Erde, auf dem Schnee liegen zu müssen.
»Hast du schon einmal so übernachtet?« frage ich Georg.
»Noch viel schlimmer«, erzählt er. »Damals hatten wir nicht mal so eine Ruine. Es war ein entsetzliches Gewitter, und wir haben in einer Wand, völlig ungeschützt auf einem winzigen Felsvorsprung, verharrt. So lange, bis das scheußliche Gewitter vorbei war. Da bin ich zufrieden, so zu übernachten, wenigstens in einer Ruine, ohne Blitz und Donner!«
Eigentlich ist es gar nicht so schlimm, versuche ich mich zu beruhigen. Doch die Kälte frißt sich unerbittlich in meine Füße. Zwischendurch stehen wir auf und massieren unsere Füße, damit sie uns nicht erfrieren.
Georg massiert mir die Hände. »Du mußt auf der Hut sein«, sagt er.
Wie lange hält der Sturm jetzt schon an? Wie wird es morgen sein? Wird der verrückte Sturm so viel Schnee hergeweht haben, daß wir vielleicht das Tal nicht mehr erreichen? Mir fallen Geschichten ein von Bergsteigern, die eingeschlafen sind und erfroren.
Es ist eine ungemütliche Nacht, wir drehen uns von einer Seite auf die andere.

Lange Zeit habe ich wieder auf den Sturm gelauscht, und bin nicht wieder eingedämmert. Es wird mal Tag werden, habe ich mir gedacht und dabei unentwegt in Richtung Tür gestarrt, die immer noch in ihren Angeln quietscht. Wenn ich die alte Türe wieder erkennen kann, wenn auch nur schemenhaft, nur unklar die Umrisse, dann ist es wieder Tag.
Der Wind hat nachgelassen. Der Sturm hat sich über die Flanken und Eisflächen verzogen, und allmählich sehe ich die Umrisse der Türe. Vom Dach der Hütte fällt kein Schnee mehr – es hat aufgehört zu schneien.
Georgs Gesicht taucht auf. Es ist ganz blau und erfroren. Er sieht aus wie ein Gespenst. Ich muß ähnlich aussehen.
Wir trinken wieder heißen Tee, den Georg zaubert, aus geschmolzenem Schnee. Hunger haben wir nicht viel.
»Wir können weiter«, sagt Georg.
Als wir vor die zerstörte Biwakschachtel treten, ist der Himmel ruhig, aber es hat so viel Neuschnee, daß er uns fast bis zu den Augen reicht.
Wir steigen ab. Georg bahnt uns einen Weg. Die Bewegung tut uns gut, da sie unsere Körper erwärmt. Schon ist die Ruine, in der wir die Nacht verbracht haben, Vergangenheit. Der Abstieg nimmt uns gefangen.
Mir ist, als hätte ich ein großes Loch im Bauch. Der Sturm hat mir meinen Kampfgeist aus dem Körper geblasen. Ich fühle mich, als wäre ich bereits ein Stück dieser Natur, als hätte ich mich bereits umgewandelt in Schnee und Wind.
Unendlich weit geht es hinunter, es nimmt einfach kein

Ende. Plötzlich taucht die Nordwand des Ortlers auf. Die Wand ist total vereist, böse und widerwillig grüßt sie uns.
Die Sonne brennt jetzt auf unsere Köpfe, während wir uns durch den tiefen Schnee wühlen.
Georg geht immer weit voraus, bleibt stehen, wartet auf mich. Ich bemesse den Abstand von ihm zu mir, denke, wenn ich erst so weit bin, wie er ist, dann habe ich wieder ein Stück geschafft.
Es dauert eine Zeitlang, bis ich ihn erreicht habe, da ich bereits erschöpft bin. Dann, wenn ich bei ihm bin, geht er wieder weiter durch den tiefen Schnee.
So geht es weiter und weiter – wenigstens bleiben wir in Bewegung, und solange wir in Bewegung sind, sind wir noch am Leben. Wir haben bereits den Punkt erreicht, wo uns alles andere egal ist, wir wollen nur noch durchkommen. Wir wollen es nur schaffen.
Seit einer Stunde schneit es wieder. Kleine Flocken fallen leise vom Himmel. Der Wind hat aufgehört, er hat sich oben in den Gratflanken verkrochen.
Jetzt setze ich mich einfach hin und schaue auf die Berge. Durch ein Meer von Wolken schaut uns die Königsspitze an, oder ist es ein anderer Berg? Alle Berge schauen jetzt gleich aus – für mich. Da ein Berg und noch ein Berg und noch einer. Hört das denn niemals auf?
Der Schnee hat mich fast schon zugedeckt, da stemme ich mich auf, schüttle das Weiß von mir ab und gehe wieder Georgs Spuren nach.
Langsam kommen wir tiefer. Ich spüre es an der Temperatur, es wird wärmer.

»Wie geht's dir, Bergfee?« höre ich Georg. »Bergfee«, sagt er.
Ich lächle. »Ach es ist ein so langer Weg«, antworte ich, »so weit, und der viele Schnee.«
Dann gehe ich wieder, gehe und gehe, und mir ist gar nicht so, als ob ich gehe, ich bewege mich einfach irgendwie. Alles, aber schon alles hinter mir lassend, gehe ich meine einsame Spur, meinen einsamen Weg hinab ins Tal.
Wir kommen an einen Bach. Sein Wasser ist gefroren. Schlagartig wird es aber wärmer, und schon ist der Schnee zu Regen übergegangen. Daß wir es geschafft haben, kommt mir jetzt gar nicht recht zu Bewußtsein. Ich gehe einfach weiter und weiter. Plötzlich sind wir unten und stehen im strömenden Regen auf einer Almwiese. Im Nu sind wir durchnäßt bis auf die Haut.
Als wir den Schuppen erreichen, ist kein trockener Fetzen mehr an unserem Körper. Im nächsten Moment fröstelt uns. Wir werfen den Rucksack in die Ecke und holen trockene Kleider aus dem Auto. Hastig ziehen wir uns um. Mit einem Handtuch versuche ich meine Haare zu trocknen.
Nachdem wir etwas gegessen haben, kehren unsere Lebensgeister zurück. Jetzt, wo wir nicht mehr gehen müssen, sind wir schon wieder ganz munter. Während der Heimfahrt steht vor uns immer wieder der ganze lange Weg von diesem alten Suldener Schuppen bis hin zur Ruine, die früher eine Biwakschachtel war, und wieder hinunter zurück ins Tal.

»Wir fahren zum Walkerpfeiler« – Die Freude ist weg

Immer häufiger fehle ich in der Schule, da ich viel mit Georg in den Bergen bin. Die Schule sehe ich mehr als Training für meine Klettereien an. Das Bergsteigen ist für mich wichtiger als die Schule.

Wenn ich Gymnastik mache mit den anderen Mädels zusammen, dann immer mit dem Hintergedanken, daß ich dadurch noch besser, noch schneller, noch gelenkiger werde, um meine Berge besteigen zu können.

Beim Ballett tun mir meistens die Beine weh, da ich vom Klettern einen scheußlichen Muskelkater habe. So kann ich mich nie voll auf etwas konzentrieren. Bei der rhythmischen Gymnastik schmerzen mich die Arme, da ich sie mir beim Klettertraining angestoßen habe oder einfach einen scheußlichen Muskelkater habe.

Und dann kommt der Tag, wo Georg wieder kommt, mich herausholt aus diesem öden Alltag und mit mir wegfährt – in die Berge. Meine, unsere Berge.

Nie kann ich nein sagen, nie sage ich, daß ich nicht kann, daß ich lernen muß, daß ich gestern so miserabel getanzt habe, weil ich nichts anderes als Berge im Kopf habe und ständig von Muskelkatern geplagt werde.

Auf der einen Seite habe ich aber schon auch ein schlechtes Gewissen, wenn ich an meine Eltern denke, an die Hoffnungen, die sie in mich setzen. Aber ich fühle, daß mir ein anderer Weg bestimmt ist. Eines Tages wird die Lehrerin kommen und mir sagen, daß ich das nächste Semester nicht schaffe. Ich weiß das, und es ist mir egal. Doch gleichzeitig schafft dieser Zustand in mir Spannungen, die ich wiederum alle in den Bergen auslebe.

Georg denkt sich Touren aus, die an meine Leistungsgrenze gehen. Ich gehe immer mit und werde immer besser und besser. Als ich ihn eines Tages in seiner Wohnung besuche, die er mit einem anderen Studenten teilt, steht er so im Zimmer und schaut mich ganz geheimnisvoll an.

»Was ist, Georg?« frage ich neugierig.

»Ich habe mir was ausgedacht«, sagt er wichtig.

»Du hast dir was ausgedacht?« sage ich fröhlich.

»Wie war's in der Schule?« zögert er seine Antwort hinaus. Georg nimmt die Ausbildung nicht so ernst. Er sagt, das wäre kein richtiger Beruf, nur eine Zeitverschwendung, ein Zeitvertreib.

Wir wechseln schnell das Thema, da ich wirklich sehr neugierig bin und mir alles wichtiger erscheint als das, was mit meiner Schule zu tun hat.

Dann sagt Georg ohne jeden Übergang: »Ich habe mir alles gründlich überlegt. Ich mache mit dir den Walkerpfeiler an der Grandes Jorasses.«

Den Walkerpfeiler, denke ich. Ja, geht denn das, das ist ja völlig verrückt. Ich und der Walkerpfeiler! Doch ich

sage was anderes. Ich sage einfach: »Gut, wir machen den Walkerpfeiler. Wann soll es losgehen?«
»Du bist ganz schön frech«, sagt er. »Bald wird es keine Alpinistin mehr geben, die so gut ist wie du!«
»Ach quatsch nicht«, sage ich. »Ich traue mich durch diese Wand. Du brauchst nicht zu glauben, daß ich Angst habe.«
Da fällt mir die Karte ein und der geheimnisvolle gelbe Pfeiler. Wie aus einer anderen Welt steht er auf den weißen Gletschern. »Letztes Jahr erst habe ich die Karte von meinem alten Bergfreund Sigi bekommen.«
Georg lacht, und seine weißen Zähne blitzen aus seinem braungebrannten Gesicht. Die langen wilden Haare fliegen ihm um sein Gesicht, als er eine hastige Bewegung macht.
»Wir fahren zum Walkerpfeiler«, ruft er immer wieder, und wirbelt mich durchs Zimmer.
Für mich ist es ab sofort eine beschlossene Sache, wenn Georg was sagt. »Die Nordwand, ein Traumberg, eine Traumwand!«
Nur Georg und ich wissen von dem Plan, sonst niemand. Meinen Eltern, den Geschwistern sage ich nichts, auch meine Zimmerfreundin und Kameradin Paula, die sonst alles weiß, wird diesmal nicht eingeweiht. Niemand soll was wissen. Solange niemand was weiß, kann auch niemand seinen Argwohn, sein Mißfallen in unseren Plan miteinweben. Wir werden allein sein. Jetzt in der Vorbereitung – und später auch in der Wand.
Die Schule macht mir vorerst noch einen Strich durch

die Rechnung: Ich muß erst meine Tanzprüfung machen und auch bestehen. Ich habe keine Entschuldigung, und auch ein ärztliches Attest nützt nichts.
Georg, den Zigeuner, hält nichts. Er lacht mich nur aus, als ich ihm den Grund erkläre, warum ich vorerst noch nicht mitfahren kann. Er fährt los nach Chamonix, sagt nur noch: »Du kommst nach, sobald ich dir schreibe, daß unten das Wetter zwei Tage halten wird. Dann kommst du!«
»Abgemacht«, sage ich. Dann befinde ich mich wieder in einer Turnhalle, unserem Unterrichtsraum.
Jedes der Mädels muß eine Kür vorführen. Stunde um Stunde sind wir in den Hallen, üben zu einer klassischen Musik. Die Tanzlehrerin macht uns die Übungen vor, wir tanzen nach, sie korrigiert. Wir fangen wieder von vorne an. Dann die nächste Übung.
Wie langweilig das ist für mich, wie sehr ich mich nach den wilden unberechenbaren und stürmischen Bergen und Winden und Stürmen zurücksehne!
Mitten in den Semesterabschlußprüfungen kommt endlich der ersehnte Brief: »Komme nach Chamonix!«
»Komme nach Chamonix!« Andächtig lese und lese ich das Blatt Papier, falte es zusammen, wieder auseinander. »Chamonix!«
Ich mag nicht mehr hier sein, mit der blöden Tanzerei, die mir zum Hals heraushängt. Immer nur tanzen und tanzen. Wie blöd die Leute doch sind. Zum Kuckuck damit!
Heimlich packe ich meine Sachen, packe alle die geheimnisvollen Dinge ein, die ich für die Besteigung

brauche, die Steigeisen und den Pickel, ja nichts vergessen.

Und dann flugs, bevor mich eines der Mädel bemerkt, weg, weg! Ich muß weg nach Chamonix!

Ich habe Glück. Niemand ist auf den Gängen, um mich aufzuhalten, und unten am Empfang ist auch keine Klosterschwester. Die Luft ist rein, also auf in die Freiheit!

In drei Minuten bin ich in der Straßenbahn. Keinen Augenblick habe ich ein schlechtes Gewissen, wo es auf das Ende des Semesters zugeht.

Die Straßenbahn hält. Ich steige um, nach einiger Zeit steige ich wieder um, und dann nochmals. Nach etwa einer Stunde stehe ich auf der Autobahn. Da ich kaum Geld besitze, fahre ich per Anhalter zu meinem Ziel, dem Walkerpfeiler.

Ich komme schnell voran. Es ist, als wüßten die Fahrer, daß ich es eilig habe, daß ich schnell mein Ziel erreichen muß, daß ich schnell nach Chamonix muß. Schnell, bevor das Wetter wieder schlecht wird.

Es ist heiß an diesem Tag. Hastig zerre ich meinen schweren Rucksack aus einem Auto heraus, steige ins nächste wieder ein, rein, raus, weiter, weiter!

Nach einigen Stunden habe ich die hohen Schweizer Pässe erreicht. Ich staune über ihre Schönheit. Als es schließlich Abend wird, bin ich am Furkapaß, einem der letzten Hindernisse auf meinem Weg zum Walkerpfeiler.

Ich steige aus dem Auto und suche mir für die Nacht, wie üblich, einen Heustadel.

Als ich meine Brote verzehrt habe, werde ich mir mei-

ner Einsamkeit, meines Alleinseins, bewußt. Ich wünsche mir, daheim zu sein, bei meinen Geschwistern.
Schon bauscht sich ein Vorhang auf, und draußen riecht es nach Heu. Meine Schwester ruft unten vom Hof, ich soll zu ihr kommen, sie möchte mir was zeigen. Dann höre ich Lachen. Es klingt fröhlich, ausgelassen; meine Geschwister!
Schlagartig wache ich auf und weiß, daß ich nur geträumt habe. Bald werde ich zurückkehren, sage ich mir in dieser Nacht. Bald, nachdem ich den Pfeiler bestiegen habe.
Draußen in der Nacht höre ich die Grillen zirpen. Bewegt sich da nicht was, kommt da nicht jemand? Minutenlang starre ich wie erstarrt in die Dunkelheit. Wenn nur Georg hier wäre! Ich habe Angst. Dann aber falle ich in einen tiefen, traumlosen Schlaf. Als die ersten hellen Strahlen durch die Balken fallen, ist mir leichter ums Herz.
Vorsichtig schaue ich nach draußen. Still wiegen sich die Gräser im frühen Morgenlicht. Alles ist friedlich.
Ich packe meine Siebensachen zusammen, stopfe sie schnell in den Rucksack und stelle mich wieder an die Straße. Es ist etwa fünf Uhr morgens.
Langsam schleicht ein Auto über den Furkapaß herauf. Wie eine kleine Ameise windet es sich die steilen Serpentinen herauf, hält bei mir.
Der Wagen fährt in die Richtung, in die ich auch will. Ein Stück kann ich mit ihm fahren. Dann muß ich wieder umsteigen, wieder trampen. Mittags, als die Sonne hoch am Himmel steht, sehe ich zum erstenmal in mei-

nem Leben Chamonix, den berühmten Bergsteigerort zu Füßen des Montblanc.

Im nächsten Moment sehe ich auch Georg. Er hat sein kleines Zelt zusammen mit anderen Freunden in einem kleinen Wald aufgestellt. Als ich die kleine Zeltstadt betrete, gehöre ich sofort dazu. Georg stellt mich seinen Freunden vor.

Dann berichtet Georg, was er in der Zwischenzeit schon alles gemacht hat. Unvermittelt wechselt er die Stimme. Sie ist tiefer, und ein Anflug von Trauer ist darin. Dann sagt er mir, daß Peter, ein Freund von uns, abgestürzt ist.

Peter! Um Gottes willen! Wie konnte das passieren? Die Nachricht versetzt mich in tiefe Depression, da ich ihn auch gut gekannt hatte.

»Immer wieder werden Bergsteiger abstürzen«, sagt Georg. »Heute, morgen, in zwanzig Jahren, in hundert Jahren. Es war sein Schicksal.«

»Sein Schicksal! Mein Gott, warum gerade Peter, warum, warum gerade der?«

»Es war einfach Vorsehung«, entgegnet Georg. »Morgen gehen wir an den Walkerpfeiler.«

»Ja, morgen gehen wir in die Nordwand«, sage ich tonlos. Meine Freude ist weg, ich bin unendlich traurig.

Dann legen wir uns nieder. Die Tannen rings um unser Zelt sind unsere Wachen. Die Nacht ist finster, und meine Gedanken sind schwer.

Am nächsten Morgen sind wir zeitig auf den Beinen. Wir sitzen an einem kleinen Feuer und kochen unseren Tee, machen Milch warm, essen etwas, während wir un-

seren Gedanken nachhängen. Abrupt stehen wir auf, verabschieden uns von unseren Freunden und machen uns auf den Weg in Richtung Bergbahn, die uns das erste Stück hinauf auf die Gletscher bringt.
Unsere Rucksäcke sind groß, sehr auffallend und schwer. Georg hilft mir beim Aussteigen aus der Gondel, die um diese Zeit noch nicht voll besetzt ist. Einige Bergsteiger steigen mit aus.
Nach einiger Zeit sind wir ganz allein. Wir gehen über altes, morsches Eis, springen über Gletscherspalten. Niemand ist weit und breit.
Es fängt leise an zu regnen. »Ist es dir nicht kalt?« fragt Georg.
»Nein«, sage ich, »es geht schon.« Und dann nach einiger Zeit: »Werden wir den Walkerpfeiler sehen? Heute, bei diesen Wolken?«
»Ja, das werden wir«, sagt Georg. »Paß nur auf den Wind auf. Er wird diese Wolkenschleier bald vertreiben, und dann kannst du unsere Nordwand sehen.«
Georg ist jetzt wieder vorausgegangen. Sein Bewegungsdrang kennt keine Grenzen, immer muß er schnell gehen, sich austoben.
Ich bin allein. Langsam komme ich ganz in den Bann der Nordwand. Alles andere verschwindet in einer tiefen Gletscherspalte, jedes andere Gefühl, jeder andere Gedanke. Ob ich sie bald sehen werde, ob sie tatsächlich so schön aussieht wie auf der Karte? Und natürlich: Was Mama wohl sagt? Aber daran will ich jetzt noch nicht denken. Ich bemühe mich, jede Verbindung zu ir-

gendeinem Menschen abzubrechen, weil ich mir einbilde, das könnte meine Strömungen stören.
Georg macht einen weiten Bogen um eine Gletscherspalte, bleibt stehen, zeigt mir den Weg. »Weiter oben mußt du gehen!« ruft er mir zu, »noch ein Stück links!« Warum muß er immer davonlaufen, schimpfe ich leise vor mich hin.
Warum kann er nicht mit mir gehen! Jetzt wartet er. Als ich ihn erreicht habe, flitzt er sofort wieder weg.
Bald sehen wir die Moränen. Schwarz und unwirtlich stehen sie am Rande des Leschaux-Gletschers. Unwillkürlich fällt mir die Erde in unserem Moos ein. In unseren Wäldern. Das sieht auch so ähnlich aus. Auch die Ausstrahlung ist gleich.
Die Wolken ziehen und ziehen und verschleiern unseren Walkerpfeiler. Drohend und wild stehen die Bergflanken da. Fremd und gefährlich sehen sie aus.
Dann sind wir auf der Leschauxhütte, einer kleinen Blechhütte am Rande des Gletschers. Von hier starten alle großen Nordwand-Begehungen. Hier treffen sich die Alpinisten aus der ganzen Welt, um den Angriff zu wagen, um in die Nordwand einzusteigen.
Georg kocht uns das Abendessen: Corned Beef, Paprika, Eier, alles in einem kleinen Topf.
Etwa zwanzig Bergsteiger sind außer uns in der Hütte. Ich bin die einzige Frau. Als sie Georg fragen, was wir vorhaben, und er sagt, daß wir in die Nordwand einsteigen, sind wir sofort umgeben von »Kollegen«. Ich werde in verschiedenen Sprachen angesprochen, Italienisch, Französisch, Englisch. Alle wollen wissen, was

ich bisher gemacht habe. Langsam legt sich die Aufregung, nachdem ich ein wenig erzählt habe.
Georg hat sich in der Zwischenzeit mit dem Hüttenwirt unterhalten. Er hat erfahren, daß eine ganze Woche Japaner im Pfeiler waren. Sie sind in schlechtes Wetter geraten, dann mit Mühe und den letzten Kraftreserven noch mal dem Tod entkommen.
Wir haben einen guten Schlafplatz ergattert. Während Georg noch Brotzeit macht, lege ich mich aufs Lager, lausche in die hereinbrechende Dämmerung.
Die Sonne ist vor etwa einer Stunde glutrot untergegangen. Der Wind schlägt einen Fensterladen auf und zu.
Georg ist zuversichtlich. Am nächsten Tag sei das Wetter gut, stabil. So gut, daß wir durch die Nordwand kämen.
Ich muß an Peter denken, unseren Freund, der abgestürzt ist, drüben am Montblanc sein Leben verloren hat.
Da merke ich, daß ich weine. Warum ausgerechnet er? frage ich die Wände der Hütte. Ich sehe ihn genau vor mir, mit seinen blonden Haaren, blauen Augen. Sein Wesen, sein Leben war voller Optimismus. Es war, als ob die Sonne aufgehen würde, wenn er ins Zimmer trat.
Noch einige Wochen vorher hatten wir zusammen gelacht, waren durch die Straßen gezogen. Er war über einen Zaun geklettert, hatte sich auf eine Kinderschaukel gesetzt und mir zugelacht.
Warum ist er weg, warum nur? Wohin ist er gegangen? Ob er uns jetzt sehen kann? Hatte man uns nicht als Kinder immer erzählt, die Menschen, die gestorben

sind, kämen in einen Himmel und könnten alles sehen, was die Menschen dort unten machten?
Wir essen zu Abend. Um uns ist eine gespannte Atmosphäre. Alle starten morgen zu einem großen Ziel, einige waren schon öfter da, sind abgeblitzt an der Wand. Wie Georg sagt, gibt es Bergsteiger, die zwanzigmal die Nordwand versucht haben und jedesmal gescheitert sind. Ich sei übrigens eine der ersten deutschen Frauen, wenn nicht überhaupt die erste, die diese Wand machen soll.
Wir legen uns früh schlafen, denn wir werden am nächsten Tag um zwei Uhr aufstehen müssen, um rechtzeitig in der Wand zu sein.
Ich schlafe furchtbar unruhig, horche in den Raum. Da schnarcht einer, ein anderer unterhält sich flüsternd mit seinem Freund. Da ich keine Uhr habe, wecke ich Georg nach einiger Zeit. »Müssen wir nicht aufstehen, Georg?«
Er schaut auf seine Uhr. Es ist viel zu früh.
Allmählich nicke ich wieder ein. Voller Unruhe, voller Erwartungen, was der nächste Tag bringen wird. Ich wecke Georg noch einmal. Wieder ist es zu früh.
In der Hütte ist es jetzt ruhig. Alle schlafen, und langsam beruhige ich mich. Die Nähe der vielen gleichgesinnten Bergsteiger bringt mich vielleicht auch ins Gleichgewicht.
Einige Stunden später werden wir abrupt von dem jungen Hüttenwirt aus dem Schlaf gerissen. Er schwenkt eine Lampe über unseren Köpfen und ruft, daß es Zeit zum Aufstehen sei. Zum Tee bringe ich keinen einzigen

Bissen hinunter. Ich beobachte Georg, wie er sorgfältig die Steigeisen, die Seile, die Karabiner ordnet. Irgendwie ist mir jetzt bange, während wir bei Kerzenlicht an dem alten Holztisch sitzen.

»Wir müssen sehen, daß wir die ersten sind in der Wand«, sagt Georg. »Wenn wir die ersten sind, kann uns keiner Steine auf den Kopf werfen, außer der Wand selbst!«

Mühsam verdrücke ich doch noch einen Kanten Brot, nehme einen Schluck Tee.

Noch bin ich nicht in der Wand, noch kann mich kein Steinschlag treffen, kein schlechtes Wetter überraschen! Was ist, wenn ich einfach hier sitzen bleibe und nicht gehe? Vielleicht wäre es besser.

Schon fragt mich Georg, ob ich fertig bin.

»Ja, ja«, sage ich, »ich komme schon!«

Wir sind draußen in der Nacht, und der Himmel ist übersät mit Sternen. Noch etwas schlaftrunken stolpere ich hinter Georg die Moränen hinauf. Große Blöcke versperren uns den Weiterweg. Wir umgehen sie, immer darauf bedacht, nicht über sie zu stolpern.

»Wir müssen uns beeilen, daß wir die ersten sind«, sagt Georg wieder. Er geht schnell. Sein kleines Licht an der Stirnlampe wankt hin und her.

Ich folge automatisch der kleinen Stirnlampe und denke: Warum muß man beim Bergsteigen nur immer so früh aufstehen?

Wir erreichen den Gletscher. Endlich! Der Gletscher ist eine glatte Fläche und besser zu gehen als diese Moränenhügel.

Georg seilt mich an. »Wir werden Glück haben, denke ich. Das Wetter ist gut, wir sind die erste Seilschaft. Heute abend werden wir weit oben in der Wand biwakieren, am nächsten Tag aussteigen an den Gipfel, von dort wieder auf dem Normalweg zurück!
Hoffentlich wird alles so gut gehen. Hoffentlich kommt kein Unwetter!
Wieder wie so oft erleben wir die ersten Strahlen des neuen Tages. Wir stehen direkt unter dem Himmel und erleben, wie ein neuer Tag anbricht.
Noch ist alles kalt, unfreundlich. Die Wände starr, unbeweglich, ohne Glanz und Farbe.
»Georg«, sage ich, »es ist kalt, laß uns kurz anhalten, damit ich mehr anziehen kann!«
»Weiter oben«, sagt er. »Hier ist schlecht zu stehen, denn wir sind auf gefährlichen Gletscherbrüchen.«
Weiter oben halten wir an. Ich ziehe aus meinem Rucksack ein warmes Unterhemd aus Angorawolle. Mama hat es mir zu Weihnachten geschenkt, letztes Jahr. Gerade als ich es überstreifen will, entgleitet es mir, fliegt schnurstracks in eine der Gletscherspalten und flattert wie eine kleine weiße Fahne.
»Bitte«, sage ich zu Georg, der sich etwa zehn Schritte weiter oben mit den Fäusten die Finger warm haut, »hole mir das Leibchen wieder herauf. Es ist mir runtergefallen, ins Eis.«
»Mal sehen, ob es irgendwo hängengeblieben ist«, sagt er etwas unmutig. Nach einigen Minuten hält er es triumphierend in den Händen.
Wir gehen weiter, als ich umgezogen bin.

Der Gletscher ist lang und wird immer steiler. Als wir um eine Ecke biegen, sehen wir die Nordwand der Grandes Jorasses direkt vor unseren Augen. Gewaltig springt ein gelber Pfeiler in die Luft, einmalig und so schön!

Abweisend steil und viel zu verschneit ragt er in den Himmel. Er zieht mich wie ein Magnet an, und plötzlich begreife ich, daß es Menschen gibt, die zwanzigmal in ihrem Leben hierhergekommen sind, um an dieser Nordwand Erfolg zu haben. Die zwanzigmal abgeblitzt sind, es immer wieder probiert haben und probieren werden.

Jetzt im Morgenlicht sieht diese Wand einfach einmalig aus. Die Schönheit der Wand lockt mich, wie sie vor mir schon viele Bergsteiger angelockt hat. Es ist mir schleierhaft, daß wir zwei kleinen Menschen da hinaufklettern sollen. Daß es uns gelingen soll, diese riesige Nordwand zu durchsteigen.

Wir gehen weiter und weiter, immer in die gleiche Richtung, dahin wo der Einstieg, der Schlüssel zu diesem Geheimnis, liegen soll. Wir sind jetzt nicht mehr nur zwei Bergsteiger, die eine Wand, eine Riesenwand bezwingen wollen, wir sind zwei, die ausgerückt sind auf dem Weg in ein Zauberreich.

Der Weg wird steiler. Ich stehe und sichere Georg. So wie ich es so oft schon getan habe. Überall hängen lockere Steine, die, bei den ersten Sonnenstrahlen losgelöst, uns zu Tode schlagen können. Die ersten Hindernisse auf dem Weg zu unserem Zauberreich.

»Schnell«, sagt Georg. »Bevor die Sonne in diesen er-

sten Wandteil kommt, müssen wir längst weg sein.« Er steigt zügig, haut ins steile Eis Stufen, damit ich nachkommen kann.
Ich haue den Pickel in das Eis, versuche das Gleichgewicht zu halten. Die Hände sind eiskalt, die Füße, die Zehen spüre ich gar nicht mehr. Je weiter wir gehen, um so länger ist unser Rückzug, denke ich noch, als wir nach einer anstrengenden, schwierigen Querung den Fels erreichen.
»Nach zwei Seillängen sind wir aus der ersten Gefahrenzone heraus«, sagt Georg und klettert, das Seil nach sich ziehend, voraus, während ich bebend vor Kälte in den kargen Felsen stehe und ihm nachsehe.
Als ich drankomme, bin ich so steif und gefroren, daß ich mich kaum mehr bewegen, geschweige denn klettern kann.
Ich versuche es dennoch, greife in die Felsen, ziehe mich einen halben Meter hoch, gehe weiter. An einem Riß, der so eisig ist, daß ich keinen festen Halt finden kann, ist mir, als würden meine Finger aufgehen, als ich mich festhalten will.
Es geht schon, sage ich mir. Es muß gehen, eine Sekunde noch, nur eine kleine Sekunde, gleich ist es vorbei, gleich übernehmen meine Beine wieder das ganze Gewicht des Körpers.
Der Übergang von den Fingern, hinab in den Bauch und dann in die Beine ist mir lang vorgekommen, doch ich habe durchgehalten. Jetzt stehe ich über dem Riß und schaue hinunter.
Die ersten Sonnenstrahlen ziehen über die Wand. Sie

wärmen meine eisigen Finger, sie lösen gleichzeitig auch die vernichtenden Steine aus. Die Wand fängt an zu leben.

»Hier ist es wärmer«, sagt Georg, »bleiben wir einen Moment stehen.«

Wir stehen und schauen über die Wand hinauf. Die nächsten Seillängen sind leichter. Lose Steine liegen über der Wandfläche, und überall Schnee. Da bäumt sich eine weitausladende Felsnase vor unseren Augen auf. Für mich im Augenblick ein unüberwindbares Hindernis.

»Der berühmte Rebuffant-Riß«, sagt Georg. Es gab in den letzten Jahren viele Seilschaften, die hier schon gescheitert sind.

Georg legt mir seinen Rucksack zu Füßen. Dann bindet er ihn an einem Haken fest. »Ich gehe ohne diesen schweren Sack. Da bin ich schneller und beweglicher«, sagt er und klettert los, findet sofort einen Halt in dem abweisenden Felsen.

Der Fels, die Wand neigt sich immer mehr heraus, und Georg klettert ihr entgegen. Er sieht aus wie eine kleine Ameise, hält sich wie ein Affe mit seinen langen Armen an den winzigen Tritten, an den Griffen fest.

Er befestigt eine Seilschlinge. Sie weht wie eine Fahne in der frühen Morgenluft. Dann hält er inne. Minutenlang hängt er einfach, der Felsbauch, das kleine Dach, ist noch nicht überwunden.

Mit dem Rücken macht Georg eine halbe Drehung, greift blitzschnell nach oben, erreicht einen Griff, und schon ist er meinen Augen entschwunden.

Ich bin jetzt ganz allein. Monoton schlägt die bunte Seilschlinge an den Fels. Mit einemmal ist mir, als würde Georg nie mehr auftauchen, als wäre er für immer verschwunden.
Blödsinn, ermahne ich mich, und schon ruft es von oben: »Nachkommen.«
Vielleicht komme ich da gar nicht hinauf, denke ich einen Moment. Doch im nächsten Augenblick ergreift mich der Ehrgeiz. An einem freien Seil lasse ich den Rucksack nachkommen. Er baumelt, schlägt etlichemal an den Felsen, dann verheddert er sich. Hängt wie ein Klotz an dem Felsen fest. Ich werde ihn später losmachen müssen.
Ich klettere. Weit neigt sich der Fels hinaus. Doch ich komme rasch höher. Geschickt versuche ich meine Hände und meine Beine einzusetzen, so daß ich das Gleichgewicht halten kann.
Dann stehe ich auf einem winzigen Tritt. Ich weiß, daß ich nicht mehr lange so stehen kann, weil ich sonst mit meinem Fuß ausrutsche. Mit der rechten Hand versuche ich den Rucksack zu befreien, der sich an einer Felskante verfangen hat.
»Nun komm schon«, rufe ich dem störrischen Sack zu. »Ich kann bald nicht mehr hier stehen. So komm schon und sei nicht so blöde!«
Ich bin nicht darauf vorbereitet, als er sich plötzlich löst. In letzter Minute kann ich mich mit einem schnellen Griff nach oben retten.
Nach einem halben Meter hänge ich die Schlinge aus und hänge sie mir über den Hals. Georg holt den Sack

hoch. Er schwebt über meinem Kopf und ist dann verschwunden.
Ich habe noch den überhängenden Bauch vor mir, das letzte Hindernis. Wieder nehme ich alle Kraft zusammen. Blitzschnell drehe ich mich, erreiche den Griff und ziehe mich wie eine Spinne über den Abgrund.
Wir gehen gleich weiter. Ich habe den Ernst dieser Wand schnell begriffen, instinktiv merke ich, daß es diese Nordwand in sich hat. Ich werde kein einziges Mal unachtsam sein.
Die Sonne überflutet die Felsen, läßt sie freundlich erscheinen. Die Wand ist gelb an manchen Stellen.
Längst haben wir uns den Gesetzen gefügt, die hier herrschen, das heißt, wir müssen unser Letztes hergeben, dürfen keine Fehler machen, dann wird uns nichts passieren. Längst habe ich auch begriffen, daß die Gesetze hier nicht wir bestimmen, sondern daß diese eigenwillige Nordwand die Gesetze diktiert.
Wir sind jetzt an einem Quergang angekommen. »Von hier aus ist ein Rückzug fast unmöglich«, sagt Georg. »Es gab Seilschaften, die es probiert haben, die dabei umgekommen sind!«
Ehrfürchtig sehe ich mir die Felsen an. Auch hier sind sie abschüssig, abweisend. Die Sonne gleitet über die rauhen Flächen, wir schwitzen unter unseren Helmen. Im Moment kann ich mir nicht vorstellen, daß man hier in einen Schneesturm geraten könnte.
Georg spannt wieder die Seile, wie eine Spinne ihr Netz. Er klettert über die schönen Platten und zieht das Seil hinter sich her. Es pendelt in der glitzernden Sonne.

Dann sehe ich von Georg nichts mehr, kann nur noch das bunte Seil sehen, das ihn und mich miteinander verbindet, das unser Lebensfaden ist.
Wenn das Seil nicht hält ... Diese abstrusen Ideen kommen mir immer wieder. Dann mache ich einfach einen Karabiner an dem Seil fest, benütze es wie ein Geländer und klettere nach. Unter mir gähnt der aberwitzige Abgrund, während wir mit Hilfe der Haken durch diese verrückte Wand hangeln. Plötzlich blitzt es dunkelblau aus einer Felsgrotte. Überrascht greife ich mit der Hand hinein, und da habe ich doch tatsächlich einen richtigen Edelstein in den Fingern, kleine Bergkristalle.
»Ich habe Kristalle gefunden«, rufe ich Georg zu, obwohl ich nicht weiß, ob er mich hören kann. »Stell dir vor, richtige Kristalle.«
»Ich weiß, in der Felsgrotte«, kommt eine Antwort. »Aber nun komm, ich warte!«
Ich steige weiter an dem Seil, löse es, sobald ich ein kleines Felsplateau erreicht habe. Georg zieht es ein. Nun muß ich noch ein Stück klettern, dann erreiche ich meinen Partner.
Es ist Mittag geworden. Wir essen eine Kleinigkeit und trinken aus der mitgebrachten Flasche im Rucksack Tee. Georg liest zwischendurch aufmerksam im Führer. Ich selbst habe mich mit dem Führer nie intensiv beschäftigt, sondern mich immer nur auf Georg verlassen, so auch jetzt. »Es ist noch ein langer Weg hinauf, auf den Gipfel«, sagt Georg und steht auf.
Er geht wieder einen sehr steilen Riß hinauf, er schwindelt sich regelrecht an steilen Kanten und winzigen Pfei-

lern hinauf. Rechts und links von diesen Rissen gäbe es keine Möglichkeit hinaufzukommen, einzig diese winzige Rinne gibt eine Chance, über die senkrechte Wand hinaufzusteigen. Was dann kommt, das weiß man erst, wenn man die vierzig Meter geklettert ist.

Bunte Schlingen flattern im Wind, und einen Augenblick muß ich an die Feste im Kindergarten denken, als wir immer bunte Papierschleifen aufgehängt haben. Ich komme nicht dazu, weiter zu träumen, da das Seil aus ist und ich nachkommen muß, hinauf über diesen steilen Riß.

Das Seil ist gespannt, am anderen Ende steht Georg in einer Seilschlinge. Ich bin jetzt ganz warmgeklettert, und die Wand hat für mich keine großen Schwierigkeiten. Dennoch geht das ewige Ziehen, das Ausgleichen mit den Beinen langsam in den Kopf. Die Wand ist furchtbar lang, sie fordert meine ganze Kraft.

Ich erreiche Georg. Schwindelerregend geht es wieder über eine Platte weiter. Georg ist bald wieder meinen Blicken entschwunden, und ich bin allein.

Als ich nachkommen muß, mache ich mich wieder frei, ich hänge mich aus dem Haken aus, stehe ohne jede Sicherung an dem steilen Felsen. Sobald ich drei Meter weiter geklettert bin, fühle ich mich mit einemmal völlig ausgesetzt.

Ein Stück weiter drüben ist wieder ein Haken, doch ich erreiche ihn nicht. Versuche es, mache alles falsch und kehre wieder an meinen Standort zurück.

»Warum hast du denn Angst«, schimpfe ich mich im stillen. »Du mußt klettern, klettern!«

Die Platte ist glatt, der Haken schier unerreichbar. Weit unten, weit, sehr weit unten sehe ich die Gletscher. Kein Mensch weit und breit.
Wie zwei dürre Spinnen hängen wir in dieser Wand. Müssen Meter für Meter hinauf, müssen uns alles erkämpfen, sonst werden wir hier nie mehr lebendig herauskommen. Die Wand wird uns schlucken, wie sie schon viele andere Bergsteiger geschluckt hat, weiter schlucken wird. Niemand kann sie dann mehr rausholen, es sei denn als Tote.
Mein Kampfgeist kommt unvermittelt zurück. Ich ziehe eine Grimasse und noch eine, so wie ich es oft zu Hause vor dem Spiegel mit meinen Brüdern getan habe. Die Platte, ein Kinderspiel, rede ich mir ein.
Ich stehe auf der Platte, sehe die winzigen Tritte, auf die ich in den nächsten Sekunden steigen muß. Steige drauf, steige weiter. Ich gehe wie auf spiegelblankem Eis, merke aber, wie ich weiterkomme, weiter und weiter, bis ich den rettenden Haken erreicht habe.
»Bestimmt werde ich nie mehr in meinem Leben hierher zurückkehren in diese Wand«, denke ich dann nur noch. Ich hänge den Karabiner aus, schwindle mich weiter, erreiche meinen Bergfreund.
Als es ungefähr sieben Uhr abends ist, haben wir die »grauen Platten« erreicht, wo Georg einen Biwakplatz für uns eingeplant hat. Er macht uns wieder ein Seilgeländer, befestigt es an zwei verschiedenen Haken.
Wie zwei Vögel sitzen wir auf einem sehr schmalen Felsband. Georg zieht einen winzigen Kocher aus dem Rucksack und macht Tee. Weit hinten erheben sich die

Aiguilles über den Wolken. Bald wird die Nacht hereinbrechen.
Wieder werde ich den Gedanken nicht los, daß der Haken nicht halten könnte. Jetzt, wo unsere Beine über dem Abgrund baumeln, kommen meine alten Erinnerungen wieder auf. Peter ist wieder da in meinem Kopf. Warum, verdammt noch mal, ist er abgestürzt?
Georg errät meine Gedanken und wird ganz wütend. Dann trinken wir Tee und bereiten uns für die Nacht vor. »Es wird kalt werden«, sagt Georg. Schon werden die Schatten länger. Wind kommt auf. Schauernd zieht er herauf über die lange Nordwand, prallt zurück an einer Kante und verzieht sich grollend in dem Abgrund.
Ich habe Angst und fühle mich einsam, obwohl Georg da ist. Wir haben warme Daunenjacken dabei und Fußsäcke, das sind kurze Schlafsäcke, die bis unter die Arme reichen.
Als die Dunkelheit hereinbricht, versuchen wir zu schlafen, so gut es eben geht. Neben uns bricht die senkrechte Wand ab.
In der Nacht wird es ganz ruhig. Manchmal höre ich einen Stein über die Wand poltern. Ich habe wirre Träume, verdränge sie, vergesse sie, bevor ich aufwache.

Mit den ersten Lichtstrahlen sind wir wieder auf den Beinen.
Es ist jetzt sehr kalt, unsere Knochen sind stocksteif. Mühsam nehmen wir die Seile auf, die sich verknotet

haben, schimpfen über die Wand, rollen unsere Schlafsäcke zusammen, packen sie in die Rucksäcke.
Georg geht als erster voran.
Nicht weit. Er steht und kommt einfach nicht weiter.
»Meine Finger«, jammert er.
Weit und breit ist kein Haken, keine Möglichkeit auch, wieder zurückzukommen. Minutenlang steht er so und führt einen wilden einsamen Kampf mit sich und den Felsen. Dann hat er gesiegt. Er klettert weiter, und bald kann ich nur noch seine Schuhsohlen sehen.
Ich atme auf. Gott sei Dank! Als ich nachsteige, führe ich den gleichen Kampf wie Minuten vorher Georg. Dann haben wir die »grauen Platten« endgültig hinter uns.
Wir gehen am Grat. Eine Seillänge reiht sich an die andere, endlos.
Als wir zwischendurch mal zum Himmel sehen, erschrecken wir.
Die Sonne kommt nicht heraus, und Wolken treiben wild über die Berggipfel. Brodelnd und drohend kommen sie näher und näher.
Noch ist das Wetter schön, und wir kämpfen gegen unsere Müdigkeit und die teilweise verschneiten Felsen. Wie zwei Felskatzen steigen wir immer höher und höher hinauf, ringen der Nordwand eine Seillänge um die andere ab.
An einer vereisten, verschneiten Scharte ziehen wir die Steigeisen an. Meter für Meter kämpfen wir uns weiter nach oben.
Wir sind erschöpft und möchten endlich raus aus dieser Wand. Doch die Wand nimmt uns alles. Unsere letzte

Kraft. Sie gräbt sich unerbittlich in unser Bewußtsein, will für alle Zeit in unseren Köpfen bleiben.
Wieder einmal halte ich. Noch etwa dreißig Meter muß ich durch den Schnee und das steile Eis, um Georg zu erreichen. Plötzlich merke ich, daß ich schon viel zu lange warte. Ich schaue zu Georg. Er lehnt an den Felsen, holt das Seil ein. Doch an seiner Haltung kann ich erahnen, daß er auch müde ist.
Ich gehe weiter, halte an, gehe weiter, bis ich Georg wieder erreicht habe. Jetzt ziehen wir die Steigeisen aus, packen sie in den Rucksack.
Georg ist wieder vorausgeklettert, während ich warte und lausche. Ich lausche auf das Geräusch des Seils und auf die anderen Geräusche in der Wand.
Es ist so still, so unendlich still. Es ist zu still.
Plötzlich, ganz unvorbereitet, bricht ein höllischer Lärm los. Es ist, als wäre ein Erdbeben, dann fallen Felsbrocken.
Ich halte mir den Rucksack schützend über den Kopf. Links und rechts von mir schlägt es überall ein. Es riecht entsetzlich nach Schwefel. Minuten später ist der ganze Spuk vorbei, es ist totenstill.
Georg, mein Gott, Georg, was ist mit ihm? Ist er noch am Leben? Ich rufe, doch alles bleibt still. Wenn Georg nun ...
In panischer Angst löse ich mein Seil aus dem Karabiner, hänge die Seilschlinge um, gehe zitternd in einen total vereisten, steilen Kamin. Meine Hände, meine Füße zittern. Doch wie eine Schlafwandlerin komme ich weiter.

Schon verlasse ich den eisigen Felskamin, klettere um die Ecke. Da höre ich jemanden rufen, ich sehe eine Gestalt.
»Georg, bist du okay?« rufe ich. »Ich bin okay«, höre ich ihn rufen. Ich atme auf.
Nebel hat eingesetzt, ganz plötzlich, und dann hat es noch angefangen zu schneien.
Noch bevor ich bei Georg angekommen bin, sind wir über und über bedeckt mit weißen Schneeflocken. Der Fels ist von einem Moment auf den anderen überzukkert.
Georg geht weiter. Tiefe Furchen sehe ich in seinem Gesicht, seine Augen flackern, wirken erschöpft. Wie ich erst aussehe?
Er klettert und klettert, holt mich nach. Er steht an einer Schneewächte, als er mich wieder sichert. »Du gehst jetzt voran«, sagt er sehr bestimmt.
Wie immer mache ich, was er sagt. Ich klettere durch den Nebel, durch die Wolken, bis ich merke, daß es einfach nicht mehr weiter geht.
Am anderen Ende geht es wieder runter. Wir sind am Gipfel. Wir sind oben.
Georg ist da. Wir umarmen uns, und ich weine. Wir sind durch! Ich kann es kaum fassen.
Während der Sturm tobt und uns Eiskristalle in das Gesicht, in die Augen schleudert, gibt mir Georg eine Orange.
Dann nimmt er mich wieder ans Seil. Diesmal darf ich als erste absteigen, während er mich von oben sichert. Wir klettern, rutschen und hanteln uns schnell nach

unten. Ich bin so erlöst, endlich aus der Nordwand rauszusein, daß ich schnell, wie befreit, gehe.
Der Fels ist im zweiten Schwierigkeitsgrad, aber verschneit. Dann wird es flach, wir sind auf den Gletschern.
Noch immer sind wir angeseilt. Ich sitze auf einem Felsen und muß hinunterspringen, etwa zwei Meter. Plötzlich habe ich das Gefühl, daß ich nicht mehr weiter kann. »Georg, ich kann nicht mehr«, sage ich.
Georg schaut zurück, sieht mich auf dem Felsen sitzen. Der Nebel zieht um unsere Köpfe, und langsam fällt die Dämmerung herein. »Komm«, sagt er, als er zurückkommt. »Komm, ich trage dich.«
Ich springe hinunter auf den Gletscher und zu Georg. Er nimmt mich auf die Schultern und trägt mich.
Nach einigen Minuten kann ich wieder gehen. Schritt für Schritt gehen wir weiter, suchen nach dem Licht der Hütte. Unsere Kleidung ist zu einem Eispanzer geworden.
Ich bleibe stehen, gehe wieder weiter, bleibe stehen. Georg wartet, geht weiter und wartet.
Endlos, endlos zieht sich der Gletscher. Hat das nie ein Ende?
Ich habe keine Ahnung mehr, wie lange wir schon in dieser Eiswüste sind. Gehe einfach.
Urplötzlich ein Licht vor unseren Augen. Jetzt erst begreife ich, daß wir es geschafft haben, daß wir die Hütte erreicht haben.
Georg schlägt an die Türe, ein alter Mann erscheint. In den Händen hat er eine Lampe. »Wo kommt ihr denn

her?« fragt er und starrt uns an, als wären wir zwei Gespenster.
»Aus der Nordwand«, sagt Georg, »aus der Nordwand.«
»Aus der Nordwand«, staunt der Hüttenwirt. »Bei diesem Wetter?«
Ich ziehe meine Mütze herunter, meine Haare sind ganz starr und vereist und naß. Dann streife ich mir den total vereisten Anorak über die Schultern über den Kopf.
Der Hüttenwirt macht jetzt ganz große Augen. »Ein Mädel«, sagt er erstaunt. »Ein Mädel ist durch diese Höllenwand geklettert!«
»Ja«, sagt Georg, »ein Mädel ist da durchgestiegen.«
Die beiden Männer unterhalten sich, während ich mir trockene Sachen anziehe. Georg bringt mir Tee.
Dann schlafe ich wie ein Stein. Erst als die Sonne hoch oben am Himmel ist, wache ich wieder auf. Ich rüttle Georg wach.
Lachend stehen wir auf, ich versuche es. Da spüre ich am ganzen Körper einen fürchterlichen Muskelkater. Dennoch rapple ich mich auf die Füße.
Nachdem wir was gegessen haben, verlassen wir die Hütte. Der Hüttenwirt winkt uns nach. Mir hat er noch die Hand gedrückt und mir herzlich gratuliert.
Der Weg von der Hütte ins Tal ist einfach. Bald kommen wir aus der Gletscherregion und sehen die ersten Blumen. Wir weiden uns an deren Anblick so, als hätten wir seit langem keine Blumen mehr gesehen. Es ist mir, als kämen wir aus einem ganz anderen Reich, aus einer anderen Welt.

Als wir eine kleine Kirche erreichen und die Sonne wieder über die Blumenwiese scheint, muß ich wieder an Peter denken. Die Berge haben ihn behalten. Die Götter der Berge haben ihn verschluckt.
Wir lehnen uns an eine Mauer und sehen gemeinsam hinauf, von wo wir gerade hergekommen sind. »War es schlimm für dich?« fragt Georg.
»Manchmal schon«, sage ich.
Einige Stunden später sind wir wieder in Chamonix und auf dem Zeltplatz, wo wir die Nacht in dem kleinen Zelt verbringen. Am nächsten Tag gehen wir auf den großen Zeltplatz, wo wir anderen deutschen Bergsteigern begegnen. Ich werde beglückwünscht, und mir wird erst langsam klar, was wir da gemacht haben. Georg wird für seinen Mut gelobt, allein mit einer Frau durch den Pfeiler zu steigen, durch den berühmten, berüchtigten Walkerpfeiler.
Noch begreife ich nicht, was sich für mich alles verändert hat, was geschehen wird. Ich will mit dieser Begehung nicht berühmt werden.
»Du wirst die Beste und die Größte werden!« Georg wirbelt mich im Kreis, er freut sich wie ein Schneekönig, und seine Freude ist ansteckend wie immer.
Ich lache mit, und trotzdem spüre ich ganz deutlich das Unheil. Ich sehe zurück, sehe die Gletscher, die stillen, unheimlichen Wände, und einen Augenblick, zum erstenmal in meinem Leben, lodert etwas wie Haß in meinem Herzen auf.
Da irgendwo ist er, ist Peter, mit seinen schönen, blonden Haaren, seinen herrlichen, lachenden Augen. Da ir-

gendwo ist er, ist sein Geist. Warum ist er nicht da? Warum kann ich ihm nicht mehr sagen, daß ich heil zurück bin? Was soll ich anfangen ohne sein Lachen, was soll ich anfangen ohne ihn. Was soll ich machen ohne ihn, was soll ich machen ohne ihn ...
»Ich weiß, woran du denkst«, sagt Georg plötzlich trocken und mit stiller Stimme. Georg liebt mich, und ich habe Peter geliebt. Georg weiß das und ist immer noch eifersüchtig.
Plötzlich möchte ich nicht mehr zurück ins Tal, denn ich spüre, daß nichts mehr so sein wird, wie es mal war. Instinktiv spüre ich großes Leid.
Der Berg, diese schönen Berge haben mir zuviel geraubt, ich habe einen zu großen Preis gezahlt.

Als wir heimkommen, begrüßen mich meine Eltern freudig. Als ich ihnen sage, was ich gemacht habe, können sie es nicht recht abschätzen, was das bedeutet. Mein Bruder jedoch ist begeistert, daß seine kleine Schwester die gefürchtete Nordwand gemacht hat. Einer auf dem Zeltplatz, erzähle ich meiner Familie, hat mich sogar für einen Jungen gehalten. Sie lachen. »Na, was du alles machst«, neckt mich meine ältere Schwester.
Mit dieser Nordwand werde ich berühmt. Auf jeder Hütte werde ich ausgefragt und muß berichten. Jeder möchte mit mir klettern.
Ich nehme meinen Ruhm gelassen und als etwas Selbstverständliches hin.
Meine Eltern haben den Kopf voll mit der Bestellung

und der Ernte ihrer Felder. Wie immer helfe ich auch dieses Jahr.
Wir ernten das Heu von Hand, das heißt, einer muß immer auf den Wagen, um das Heu zu ordnen. Gerne mache ich diese Arbeit, das frische Heu riecht so gut.

Wie ein Geschenk – Die Badile-Nordostwand

Einige Wochen sind vergangen, da meldet sich ein Kurt aus Schwäbisch Gmünd, den ich irgendwann mal auf einer Hütte kennengelernt habe. Eines Tages steht er einfach da und will mit mir an die Badile-Nordostwand fahren.
Wir sind zu sechst. Alle haben wir das gleiche Ziel, alle wollen wir durch die berühmten Nordwände im Bergell steigen, durch den Cengalo und die Badile-Nordostwand.
Kurt wird von seinen Leuten als eine Art Wunderkind gefeiert, da er mit knapp siebzehn Jahren eine Seilschaft bei sehr schlechten Wetterverhältnissen in der Eiger-Nordwand gerettet hat.
Wir fahren mit zwei Autos und sind sehr fröhlich, als wir über die Schweizer Pässe kurven. Unsere Zelte schlagen wir oberhalb eines Dorfes auf, mitten in einer Blumenwiese. Nachts plagen uns Stechmücken, und wir beeilen uns, an die Badile-Wand zu kommen. Doch das Wetter ist noch nicht stabil, und so fahren wir noch an einen See zum Rudern.
Während das Ruder in die kalten Wellen schlägt und

wir uns langsam fortbewegen, denke ich an Peter. Wie gerne hätte ich ihm erzählt, daß mir der Walkerpfeiler geglückt ist. Wie hätte er sich gefreut. Aber er ist nicht mehr da ...
Ich rede mit Kurt darüber, und er versteht meine Trauer.
Am nächsten Tag ist das Wetter gut. Da es sehr warm ist, ziehen wir uns leicht an. Schnell packen wir unsere Sachen zusammen und gehen los.
Wir verabschieden uns von unseren Freunden und gehen über die Wiese in Richtung Berghütte.
Kurt geht schnell. Wir haben eine Wette abgeschlossen, wer schneller gehen kann. Sosehr Kurt sich auch anstrengt, er kann mich nicht einholen. Ich bin sehr gut in Form.
Das kurze T-Shirt klebt mir am Körper, meine Haare sind naß vom Schweiß. Ich laufe und laufe. Wir überholen alle Leute, die gerade auch auf dem Hüttenanstieg sind.

Die Steine sind noch warm von der sengenden Nachmittagssonne, die längst im Dunkel der Nacht versunken ist. Ihre Wärme aber hat sie in den grünen Sträuchern und Gräsern, auf den bunten Blumen zurückgelassen. Das Gestein ist ausgewaschen und bildet kleine Wannen. Wenn ich mich auf die rechte Seite drehe, habe ich ein weiches, grünes Moospolster, das jetzt von der ersten Feuchtigkeit der Nacht naß ist, vor meinem Gesicht.
Ich bin am Einschlafen, da höre ich die Stimme von Kurt. Er hat sich seinen Biwakplatz ein Stück weiter

vorn ausgesucht. Jetzt fragt er mich, ob ich schon schlafe. Ich antworte, daß ich gerade am Eindösen bin. Er sagt, es wäre eine wundervolle friedliche Nacht. Er zitiert ein Gedicht, ich lausche auf seine Stimme, auf die Verse, die in die Dunkelheit der Nacht fallen. Dann ist es wieder ganz ruhig. Ich höre das gleichmäßige Atmen von Kurt; er ist offensichtlich eingeschlafen.
Wir haben unser Lager hinter der Sass-Fora-Hütte aufgeschlagen; wir fanden es romantischer, so im Freien zu übernachten. Ich ziehe mir die Daunenkapuze über die Ohren, rolle mich ein wie ein Igel, und während ich in ein unbekanntes Traumland hinübergleite, denke ich noch daran, daß es gegen Morgen bestimmt kalt werden wird.
Es wird eine unruhige Nacht. Immer wieder wache ich auf, drehe mich von der einen Seite auf die andere. Der große, wannenförmige Stein, auf den ich mich gelegt habe, wird immer kälter und härter, je näher der Morgen kommt. Die Nacht dehnt sich endlos. Dann versinke ich doch noch einmal in einen tiefen Schlummer. Ich weiß nicht, wieviel Zeit vergangen ist, als ich plötzlich an den Beinen gezerrt werde. Nur langsam komme ich zu mir, höre in weiter Ferne irgendwo Stimmen.
Dann sehe ich Kurt, wie er sich streckt und gähnt. Er hat mich geweckt und meint, wir sollten uns beeilen, damit uns niemand zuvorkommt bei unserer Besteigung der Piz-Badile-Nordostwand. Das sehe ich ein. Wir verdrücken schnell ein paar Nüsse, einen Kanten Brot, teilen uns einen Apfel.
Die Stimmen, die ich vorher gehört habe, werden lau-

ter, und jetzt sehen wir auch schon einige Gestalten. Das spornt uns an, schneller zu packen. Wir rutschen von unserer Plattform ab und hasten in Richtung Einstieg.

Wir laufen schnell, bis uns die Luft ausgeht, aber selbst dann gönnen wir uns noch keine Pause. Wir keuchen die steilen Serpentinen hinauf. Einmal ist Kurt vorne, ein andermal ich. Erst als wir sicher sind, daß in unserer Wand noch keiner vor uns ist, verschnaufen wir.

Kurt steigt ein Stückchen ab, dann quert er ein steiles, hartgefrorenes Eisfeld. Ich folge in seinen Spuren. Er geht wieselflink und absolut sicher. Das Eis ist beinhart. Ich habe keine Steigeisen an den Füßen, doch die Sicherheit und Frechheit, mit der Kurt über diese Fläche geht, spornt mich an, es ihm nachzumachen.

Wir kommen an die Stelle, wo das Eis uns von der eigentlichen Felswand trennt. Kurt steigt hinunter, es ist ein dreckiger, schwarzer Schlund. Ich stehe oben, bewundere einmal mehr seine unheimliche Geschicklichkeit. Jetzt bin ich an der Reihe. Als ich unten bin, sind meine Hose und die Hände dreckig. Doch wir lachen nur und gehen weiter. Dann seilen wir uns an. Es ist eine große Wand, und es ist eine sehr begehrte Wand, ein klassischer Anstieg. Doch daran denke ich nicht. Ich freue mich einfach, klettern zu können, schönes Wetter zu haben, keine Seilschaft vor uns, die an einem schnellen Fortkommen hindert oder Steine lostritt. Ich bin gespannt, etwas überdreht, komme mir vor wie ein Tiger, den man aus einem Käfig herausgelassen hat.

Unruhig verfolge ich die Bewegungen meines Berg-

freundes. Freue mich über jeden geschickten Tritt, gebe das Seil langsam nach. Bis ich an der Reihe bin, bis ich drankomme. Jetzt ist es soweit, das Seil ist aus, ich kann steigen, endlich.
Noch sitzt mir ein bißchen die kalte Nacht in den Knochen, diese Nacht ohne Zelt und Biwaksack, eben nur im Schlafsack, auf einem ausgewaschenen Stein.
Aber langsam erfaßt mich die Begeisterung, die Faszination, dieses wilde unbändige Gestein da hochzuklettern. Es geht alles wie selbstverständlich. Wir gehen schnell, begeistert, reißen uns gegenseitig mit. Ich stehe in einer roten Schlinge, längst ist die Sonne über die Kanten und Grate gezogen; die Wand hat uns jetzt ganz.
Es ist anders als am Anfang, da ist jetzt nicht mehr diese überschwengliche Freude, diese grenzenlose Euphorie. Wir schwitzen unter unseren Helmen, schimpfen über die glatten Risse. Wir ziehen uns mit beiden Händen hoch oder spreizen möglichst geschickt einen langen Quergang. Die Hände sind aufgesprungen, der Fels ist scharfkantig, die Finger bluten.
Weit unten kommt eine Seilschaft nach. Wir können sie nicht sehen, nur manchmal hören wir wie aus weiter Ferne eine Stimme, ein kurzes Seilkommando.
Wir sind allein, über uns Wandfluchten, unter uns Wandfluchten. Manchmal, wenn Kurt länger braucht für eine Seillänge, wenn er verbissen um eine Stelle kämpft und ich nichts anderes zu tun habe, als auf das Seil achtzugeben, lenke ich mich ab, denke an alles mögliche. An das Summen der Hummeln und Bienen

im Sommer, an einen weißen Vorhang im Wind, ich träume von blühenden Blumen ...

»Nachkommen!« Kurt hat schon zum zweitenmal gerufen. Ich schaue nach oben, eine glatte, steile Wand. Weit oben kann ich Kurt aus der Wand hängen sehen. Schlagartig bin ich in der Realität zurück. Der Schweiß klebt an meinem Körper. Ich verklemme meinen Schuh in einem Riß, schiebe mich höher. Weiter oben drehe ich mich auf einem winzigen Tritt, hänge die Seilschlinge aus.

Kurt hat die Veränderung bei mir bemerkt; ein ehrliches, zustimmendes Leuchten in seinen braunen Augen. Hier sind wir einer auf den anderen angewiesen. Hier kann man sich nichts vormachen; wenn es dem einen gutgeht, geht es auch dem anderen gut. Die nächste Seillänge gehen wir beide gleichzeitig. Jeder vertraut dem anderen. Nur ein kleiner Haken, manchmal auch nur eine Schlinge, dienen als Sicherung.

Das Gestein ist teilweise naß, glatt; besonders schwierig, es frißt unsere Kraft. Wir sind an den Ausstiegskaminen. Ein Wasserfall rauscht über unseren Köpfen. Wir müssen durch. Das Wasser läuft uns oben in den Anorak rein und unten bei den Bundhosen wieder raus. Die Kamine sind naß, in Sturzbächen schießt hier das Wasser über die steilen Felsen.

Immer wieder versuche ich zu schätzen, wieviel Seillängen wir noch steigen müssen. Der Rucksack verhängt sich, ich zerre daran, kralle mich mit den Händen in der Wand fest, schwindle mich über eine steile, glatte Felspassage. Wieder kommt ein Schwall Wasser von oben,

Abseilen in den Bergen von Chamonix.

Beim Aufstieg zum Monte Rosa.

Die Grandes-Jorasses.

Georg Geisenberger, der Bergfreund in Chamonix.

Gaby Rehak-Döring

»Schorsch« im Walkerpfeiler.

In der Philipp-Flamm.

diesmal mitten ins Gesicht. Wütend schimpfe und fluche ich. Die Finger sind wie aufgeweicht, und immer wieder und wieder muß man dieses scharfkantige Gestein anfassen.

Ich erreiche Kurt. Wir sehen uns wortlos an; beide sind wir abgekämpft, verkratzt und schmutzig, aber es treibt uns weiter. Müde sind wir, aber auch herausgefordert von dieser Wand. Ich kämpfe gegen die Schlappheit an, indem ich schimpfe wie ein Rohrspatz. Auf das Eis, das Wasser, den Fels, die aufgerissenen Finger, auf alles. Ich schimpfe auch noch, als ich die letzten Meter hochsteige. Ich habe gar nicht begriffen, daß es schon die letzte Seillänge ist. Kurt steht hinter einem Felsblock, sichert, lacht. Es ist, als würde er mir diese Wand wie ein Geschenk zu Füßen legen.

Später in der Nacht – wir haben den Abstieg über die Nordkante nicht mehr ganz geschafft und wieder biwakieren müssen – sitzen wir Schulter an Schulter auf einem Felsband da und dösen vor uns hin. Wir gehören nicht mehr zur Wand, und wir gehören noch nicht ins Tal.

Doch morgen, wenn die Sonne wiederkommt, werden wir den letzten Rest absteigen. Dann erst wird uns das Tal wiederhaben.

»Zeig, was du kannst« – Die Philipp Flamm

Es ist sehr früh an diesem Morgen. So früh, daß wir die letzten Sterne am nachtblauen Himmel verblassen sehen. Wir wollen den Tag gut nutzen.
Die Seile werden nochmals überprüft, die Karabiner, die Haken. Unser Ziel für heute ist die Philipp-Flamm-Führe durch die Punta-Tissi-Nordwestwand, eine der schwierigsten, gefährlichsten Freiklettereien der gesamten Alpen. Viele namhafte Alpinisten aus der ganzen Welt sind auf dieser Route in der Civetta umgekehrt, weil sie ihnen zu schwierig war.
Bis zum Einstieg in unsere Wand führt ein Wanderweg, aber er ist immerhin schon so anstrengend, daß wir gehörig ins Schwitzen kommen.
Das Gelände wird steiler, so steil, daß wir auf allen vieren krabbeln müssen. Nach zwei Schritten rutschen wir einen wieder zurück – es ist Geröll.
Übergangslos kommt tückisches, altes Eis. Wir müssen noch mehr aufpassen. Georg geht wieselflink und ohne viel zu schauen mit traumhafter Sicherheit über die spiegelglatte Fläche, steht schon bald am Einstieg, am Beginn unseres waghalsigen Unternehmens.

Toni wägt ab, schaut, bleibt auf den vordersten Spitzen seiner klobigen Bergschuhe stehen, geht erst nach einer mir endlos erscheinenden Zeit weiter.
Ich bilde den Schluß. Solche Einstiege bin ich gewöhnt. Ich bin auch gewöhnt, allein gelassen zu werden. Man darf keine Angst haben, man muß überzeugt sein, so was »mit links« zu schaffen, besonders wenn man eine so großartige, schwierige Sache vor sich hat. Nur nicht an die Tatsachen denken. Eine kleine Unachtsamkeit oder ein kleiner Ausrutscher haben den sicheren Absturz zur Folge. Vielleicht kann man sich unten im Geröll noch festhalten, vielleicht auch nirgends mehr ...
Bevor meine Gedanken diese Anfangsschwelle der Angst überwinden, balanciere ich geschickt, so wie es mir Georg vor Minuten vorgemacht hat, über die steile Eisfläche. Erleichtert erreiche ich meinen Freund. Vom Tal herauf kommt ein leichter Wind. Weit unten über den Wäldern liegt noch der Dunst der kurzen Sommernacht.
Georg bindet sich ins Seil, stülpt sich einen roten Helm über den Kopf. Dann schiebt er sich bis zu mir vor, denn der Platz, auf dem wir jetzt zu dritt stehen, ist winzig klein. Dann greift er an den nassen Fels. Ich weiß, daß Georg gut in Form ist. Ich habe es an seinen unruhig flackernden Augen gesehen, an dem Leuchten in seinen Pupillen. Er ist gut, wie ein Artist turnt er das steile Gestein hoch, manchmal hält er inne, legt eine Seilschlinge zu unserer und zu seiner Sicherheit, irgendwann verschwindet er hinter einer Felsecke.

Jetzt hat Toni sich und mich ins Seil gebunden. Der Fels ist zwar steil, doch die Tritte sind immer noch so groß, daß man an manchen Stellen mit dem vorderen Teil der Schuhe darauf stehen kann. Mit den Händen ausgleichen, das ist ein Spiel, das man hundertmal geübt hat.
Georg wartet weiter oben – lässig und geduldig an einen Felsklotz gelehnt.
Jetzt steigen wir hintereinander an ihn heran, suchen für die Füße was zum Stehen. Toni und Georg machen die Sicherung fix. Toni und ich werden an den Felsen, an dem Sekunden vorher noch Georg hing, gebunden, und Georg steigt weiter. Das Gestein hängt weiter hinaus, wir spreizen die Beine und schieben uns über steile Risse in die Wand hinaus, Richtung Himmel, immer nach oben.
In dieser frühen Morgenstunde und in diesem ersten Drittel der Wand können wir ungefähr erahnen, was noch auf uns zukommt und warum diese Wand den Ruf ungeheurer Schwierigkeit und Gefährlichkeit hat. Da sind ganze Seillängen ohne jeden Zwischenhaken, ohne jede Sicherung. Wer hier klettert, darf sich nicht den Anflug einer Unsicherheit erlauben, kein Zögern, keine Halbheiten.
Die Füße schmerzen. Wenn einer fliegt, fliegen alle. Wir merken gar nicht, wie schnell die Zeit vergeht. Viele Stunden sind wir jetzt schon unterwegs.
Wir sind an den Schlüsselseillängen angekommen. Wenn wir die hinter uns haben, ist die Wand geknackt. Aber es bedeutet auch, daß uns danach, weiter oben und nach den entscheidenden Metern, nichts mehr zu-

stoßen darf, denn dann könnten wir nicht mehr zurück. Aus, vorbei.
Toni übernimmt die Führung, mit seiner Länge kann er jetzt die winzig kleinen Tritte gut ausnützen. Er spreizt sehr weit nach links, belastet kurz, der Tritt ist winzig, er probiert aus, zieht den Fuß wieder zurück, verschnauft.
Nach Minuten probiert er es wieder. Er hängt wie eine Spinne an der Wand. Die Fußspitzen tragen das ganze Körpergewicht. Abermals verlagert er das Gewicht auf die Spitze des linken Fußes, der auf einer winzigen Felskante steht. Seine rechte Hand findet nach langem Suchen einen höchstens millimeterbreiten Griff. Es reicht ihm. Er zieht sich nach oben.
Ein Griff folgt auf den anderen, es ist Millimeterarbeit. Sein Atem geht kurz und röchelnd, weiße Fahnen kommen aus seinem Mund, verschwinden Minuten später wieder auf dem gelben senkrechten Fels. Weiter oben ist ein Haken; wenn er ihn hat, wenn er erst so weit ist, kann er sich ausruhen. Ich kann ihn beobachten, wenn ich mich weit hinauslehne. Aber noch ist er nicht soweit. Seine Bewegungen sind fließend, gehen ineinander über, ein Griff, belasten, jetzt hat er den Haken, zieht die Leiter nach, hängt sie in die Öse, steht mit beiden Füßen in der Leiter, kann sich endlich ausruhen.
Wir können nachsteigen, Toni hat uns gesichert. Mir ist auf einmal klar, wie wichtig diese Seillänge ist, wie bedeutungsvoll diese Kletterstellen sind. Ich greife an, und es macht Spaß, es ist eine Herausforderung an mein

Können. Doch jetzt, auf diesen winzigen Tritten stehend, spüre ich, wie mir die Wand alle Kraft aus den Gliedern saugt. Sie ist wie ein Vampir. Ich muß auf der Hut sein.
Und die anderen, die beiden Männer?
Ich weiß es nicht, denn ich kann sie nicht sehen. Ich hänge ganz allein in der Wand. Jetzt kommt das schwerste Stück, ein aalglatter überhängender Quergang.
Zum Glück bekomme ich meine Männer wieder ins Blickfeld. Georg geht als erster den Quergang an. Zu Beginn gibt es noch Sicherungsmöglichkeiten. Doch dann ist nichts mehr. Georg quert in die Leere auf winzigen Tritten. Für die Füße findet er noch Halt, für die Hände gibt es nichts mehr, jetzt muß er das ganze Körpergewicht diesem winzigen, abschüssigen Felszacken anvertrauen, kaum eine Fußspitze groß.
An dieser Stelle sind schon viele Kletterer umgekehrt, vor diesen entscheidenden Metern, nach denen es kein Zurück mehr gibt. Ich schaue nicht mehr zu Georg, wünsche mir nur, daß er es schafft. Doch ich halte es nicht aus, nur dazustehen und zu warten. Ich schaue nach oben. Er steht ruhig in der Leiter. Gerade in dieser Sekunde, in der ich hinschaue, sucht sein linker Fuß nach einem ganz winzigen Tritt, findet ihn. Sekunden später steigt er, einer Katze gleich, um die Ecke, hat den Quergang, die schwerste Stelle in der ganzen Wand, spielend geschafft.
Wie immer, denke ich. Noch nie hat er Schwierigkeiten gehabt, oder höchstens einen Atemzug lang, so lange, daß mir fast immer das Herz stehen blieb.

Jetzt bin ich an der Reihe. Toni wird – wie schon so oft – den Schluß machen. Schnell bin ich vor der alles entscheidenden Stelle, und ich weiß, daß mir nichts und niemand helfen kann. Wenn ich stürze, würde ich etliche Meter weiter unten im Seil hängen, an dem oder unter dem Dach, und es wäre schwierig, mich zu retten.
»Zeig, was du kannst! Zeig, was wir dir beigebracht haben!« ruft Toni mir zu. Er hat den Ernst der Situation begriffen. Georg kann mich nicht sehen. Könnte er es, so würde es mir vielleicht helfen. Allein sein sicher sehr vorwurfsvoller Blick würde mich schon anspornen!
Doch da hilft nichts, weder Georg noch sonst etwas, ich muß hinüber. Nach Sekunden der Ratlosigkeit kommen meine alte Frechheit und Unbekümmertheit zurück: Den Fuß aufsetzen, richtig belasten, nicht zuviel und nicht zuwenig, hinüber – was soll's ...
In Gedanken geht es so leicht. Die Wirklichkeit ist anders, ganz anders. Ich setze den linken Fuß auf. Ich nehme die Leiter mit. Mein Herz klopft mir bis zum Hals. Eine Sekunde lang komme ich mir wie zerrissen vor. Ich suche mit der rechten Hand nach dem entscheidenden Griff, dem einzigen Halt über der unter mir gähnenden Tiefe. Dann formt sich alles wieder zu einem Ganzen, das Gefühl des Zerrissenseins ist vorbei, ich werde wieder eins mit mir und meiner Seele, aber auch mit meinen Ängsten, vor allem aber mit meiner antrainierten Geschicklichkeit – und ich bin drüben auf der anderen Seite des Querganges.
»Bravo, Lady!« jubelt Georg, er grinst, lacht. »Prima hast du das gemacht!« Er freut sich tatsächlich, und ich

freue mich auch, weil er sich freut. Er streicht mir über das Gesicht, über die Augen. »Ich hatte Angst, daß ich es nicht schaffe«, sage ich. »Du schaffst alles!« sagt er froh. »Danke, du bist super wie immer«, lobe ich ihn.
Es dauert eine Weile, wir können nicht sehen, was Toni macht, doch er kommt nachgeklettert, sieht uns fröhlich nebeneinanderhängen. Helfen hätten wir ihm nicht können, an dieser Stelle ist jeder für sich allein.
Die nächsten vierzig Meter sind nochmals schwer, dann sind wir in den Ausstiegsschluchten, der letzten, wenn auch sehr unangenehmen Etappe der Tour. Wir sind zwar müde, wollen auf jeden Fall jedoch noch soviel wie möglich klettern, vielleicht kommen wir heute noch auf den Gipfel, vielleicht.
Da passiert es. Toni steigt wieder einmal als erster. Er spreizt weit nach rechts, zieht seinen Fuß wieder zurück. Der Fels ist naß. Wieder streckt Toni sein rechtes Bein, ich halte instinktiv das Seil. Georg steht ein Stück über mir, denn hier in der Schlucht kann man zum erstenmal gemütlich stehen.
Wir hören einen durchdringenden Schrei, schauen gleichzeitig nach oben. Da sehen wir ihn, er fliegt. Toni fliegt mit dem Kopf nach unten auf uns zu. In die Tiefe. Georg und ich sind am Seil. Wir tun alles, was uns in diesen entscheidenden paar Sekunden bleibt, um den endgültigen Absturz aufzuhalten, den fatalen Sturz, der uns auch in die Tiefe reißen kann. Doch er fliegt, mein Gott ...
Im letzten Sekundenbruchteil, wie durch ein Wunder, kriegt Toni von oben einen Seilzug, denn das Kletterseil

ist oben eingehängt. Er dreht sich auf die andere Seite, mit dem Kopf nach oben, prallt hart auf den Fels neben uns. Wir stehen wie gelähmt, leichenblaß und zitternd, können es nicht fassen, daß wir Toni wirklich gehalten, seinen Sturz in die gähnende Tiefe verhindert haben. Toni liegt da wie ein lebloses Bündel. Aber er stöhnt, also muß er leben. Er lebt noch! Was ist mit ihm? Wird er es überleben? Ich stehe da wie erstarrt, ich zittere, ich kann nichts sagen, bin unfähig, eine Bewegung zu machen.
Von oben kommen Steine, die ersten, die uns wirklich gefährlich werden können, seit heute morgen. Da höre ich Georg wie aus weiter Ferne: »Ist es schlimm?« fragt er, und ich hoffe, vielleicht ist es gar nicht so schlimm ... Toni schaltet viel schneller als wir zwei. Er tastet vorsichtig Hände und Füße ab. »Ich glaube, es ist nichts gebrochen«, sagt er mit schwacher Stimme. Er kriecht, als gäbe es da eine Rettung, auf das kleine, abschüssige Plateau, zwei Schritte weiter unten. Er kauert sich zusammen, stöhnt.
Georg und ich schauen uns an, verzweifelt. Georg kommt herunter zu mir, wir packen die Rucksäcke aus, geben Toni alles, was wir an weichen warmen Sachen haben, zum Anziehen. Er zittert, seine Augen liegen tief in den Höhlen. »Kümmere dich um ihn«, sagt Georg, nur um etwas zu sagen. Ich kümmere mich um Toni, Georg tut es auch, und langsam bessert sich Tonis Zustand, der Schock löst sich. Bewegen kann er sich kaum, er spürt jeden Knochen einzeln, doch sein Zustand bessert sich so, daß er sich wieder aufsetzen kann. Wir atmen auf. Heute geht es natürlich nicht mehr wei-

ter. Wir essen etwas, warten auf die Nacht. Es beginnt zu regnen, weit in der Ferne hören wir ein Donnern. Ein Gewitter jetzt und ein Kälteeinbruch könnten das Ende bedeuten, das Ende für Toni, aber auch für uns.
Gibt es ein Morgen? Wenn Toni innere Verletzungen hat, wird es für ihn keinen nächsten Morgen geben. Und wenn er sich erholt, kann er in seinem Zustand diese extremen Superleistungen bringen und die steilen, überhängenden, von Wasserfällen überspülten Ausstiegsrisse schaffen? Im Vergleich zu dem, was wir hinter uns haben, sind die Ausstiegsschluchten leicht. Objektiv gesehen, sind sie immer noch extrem schwierig.
Und wir? Was würden wir machen? Mit ihm warten? Oder soll einer von uns mit ihm warten? Auf was? Warten? Sinnlos, so oder so. Von hier gibt es keine Rettung für einen Verletzten. Die Wand ist zu tückisch, zu stark überhängend! Was also sollen wir machen?
Wir reden nichts. Wir wissen alle drei, wie schwer der nächste Tag werden wird.
Herr, laß ihn gesund werden, bete ich in Gedanken, bitte, dieses eine Mal noch, wir werden das Schicksal bestimmt nie mehr so herausfordern, lasse ihn wieder zu Kräften kommen.
Es ist dunkel geworden, ganz plötzlich. Manchmal lösen sich weit oben in diesen unendlichen Schluchten der düsteren Civetta kleine und große Steine, schießen durch die Luft an unseren Köpfen vorbei in die Tiefe. Ihren Aufprall können wir nie hören.
Toni fängt leise an zu schnarchen. Das Schnarchen von Toni wird schwächer, wird stärker.

Wir verbringen, an den Felsen kauernd, eine unendlich lange Nacht. Langsam bricht der Tag an, und dieser Tag muß die Entscheidung bringen. Diese letzten Stunden in der Morgendämmerung sind die kältesten. Manchmal höre ich nichts von Toni. Jedesmal stockt mir fast das Blut, bis ich dann Sekunden später wieder das Schnarchen vernehme.
Endlich steigt der Morgen über die Wand. Auch Toni ist aus seinem tiefen Schlaf endgültig aufgewacht. Wir kauern, jeder für sich, schweigend an den grauen, von Wasser überspülten, an manchen Stellen zerklüfteten Steinen. Noch hat der Himmel gar keine Farbe. Es sind die Minuten, in denen der heraufziehende Tag endgültig die Nacht verdrängt. Die nächste Zeit liegt grau und leer vor uns, und wir schweigen, weil wir nicht wissen, was wir tun können.
Toni ist es, der Georg und mich aus der hoffnungslosen Lethargie reißt. »Über Nacht ist es besser geworden«, sagt er. »Ich glaube, wir können weiter.« Wir schauen uns still an, und plötzlich fließt eine Träne über meine Wange, und noch eine und noch eine. Ich möchte schreien, so sehr hält mich die Spannung gefangen. »Er kann weiter«, sage ich zu Georg. »Hast du das gehört? Wir können weiter, alle!«
Nach einem kleinen Frühstück seilen wir an. Es ist alles klamm und naß. Wir haben uns am Abend, nach dem Sturz, natürlich um nichts mehr kümmern können. Jetzt ist es um so mühsamer. Wir müssen die klammen und nassen Seile mit vor Kälte steifen Fingern auseinanderfieseln. Doch was macht das schon. Hauptsache ist,

daß wir Hoffnung haben können. Es geht weiter, es ist ein Wunder. Wir waren in einer Situation, in der es theoretisch keine Chance für uns gab.

Georg führt wieder. An ihm ist es, uns herauszuführen, an ihm ist es, uns aus unserem seelischen Tief herauszureißen, der Mannschaft die Kraft zurückzugeben für diese schweren fünfhundert oder sechshundert Meter durch die Ausstiegsrisse, durch überhängenden, nassen Fels.

Doch Georg ist müde, seine Bewegungen haben nichts Katzenartiges mehr. Er geht vorsichtig, schlägt Haken, umgeht die Unglücksstelle weit rechts. Still stehen wir da, es dauert lange, und aller Elan und alle Unbekümmertheit ist aus unseren Seelen; es ist, als wären wir um Jahre gealtert, und es ist, als würden wir nie mehr jung sein können. Unser Unternehmen ist zu einem einzigen Kampf ums Überleben geworden.

Das Gesicht von Toni ist grau, hohl und stumm. Bricht er unterwegs zusammen? Was ist mit ihm los? Hat er innere Verletzungen? Wird er es schaffen? Werden wir durchhalten?

Endlose Zeit vergeht, bis Georg weit oben einen Standplatz gefunden hat. Er sichert sich an einem Haken mit einem Karabiner an das Gestein. Ich bin an der Reihe, nehme den großen Rucksack von Toni auf den Rücken, habe in der linken Hand den Hammer, um die Haken wieder rauszuschlagen. Wir werden sie weiter oben erneut brauchen. Meine Bewegungen sind ebenfalls langsam und schwerfällig. Ich habe Angst. Georg wartet geduldig. Ich schlage die Haken raus, stelle mich ungeschickt an, und der Hammer fällt mir aus den zitternden Händen, baumelt an seiner Sicherungsschlinge. Ich schaue nach unten, da steht Toni, bleich an die Felsmauern gelehnt.

Georg wird jetzt doch ungeduldig, auch seine Nerven sind bis zum Zerreißen gespannt. Er schreit: »Schlag die Haken raus, alle, schlag sie alle raus!«

Ich schlage sie alle raus, mühsam. Und mit letzter Kraft steige ich über die überhängende Mauer hinauf zu Georg.

Toni folgt. Er geht mit »Jümar«, einer technischen Kletterhilfe. Das bedeutet, er steht in zwei Seilschlingen, wobei er immer die eine, in der er nicht gerade steht, nach oben drücken muß, die andere belastet und so mühsam nach oben steigt, nur am Seil. Mit der Wand kommt er fast gar nicht mehr in Berührung. Das ist kein Bergsteigen mehr, das ist ein Rettungsmanöver. Aber es klappt.

So kommen wir weiter. Wir steigen unmittelbar an einem Wasserfall hoch und sind binnen weniger Sekunden von oben bis unten naß. Und dann kommen wir zu einer Grotte, in die man erst mühsam einsteigen muß, weil alles glitschig und feucht und überhängend ist. Beim Ausstieg geht es wieder senkrecht nach unten. Die Wand hält uns in Atem.

Wir haben jenes Stadium erreicht, in dem es scheint, als wäre man unbegrenzt belastbar. Die Schmerzgrenze und die Grenze des totalen Fertigseins sind an irgendeinen Horizont geschoben, den man sich selbst geschaffen hat, der von unserem Sein bestimmt wird.

Toni hält sich gut. Er klettert längst schon wieder richtig, beklagt sich nie, hat die Jümar-Steighilfen wieder weggepackt. Ich stehe mit ihm zusammen an einem Standplatz, als Georg uns ruft, nachzukommen. Eigentlich wollen wir noch gar nicht. Es ist schön, sich mal ausruhen zu können. Doch Georg ist ungeduldig. Einer nach dem anderen klettert die senkrechte, überhängende Wand hoch. Wir sind Sekunden erst weg von unserem kleinen Platz, als es faustdicke Steine gleich richtigen Geschossen auf den eben von uns verlassenen Platz regnet. Es ist ein tödliches Bombardement. Nach allen Seiten spritzen Splitter durch die Luft, es riecht nach Schwefel. Unvorstellbar, was passiert wäre, hätten wir den Standplatz auch nur Sekunden später verlassen.

So hängen wir an einem Überhang, und uns kann nichts mehr passieren. Wir waren schneller.

Jetzt kralle ich mich wie eine Katze in die Unebenheiten der Felsen, schleiche geschmeidig nach oben. Toni folgt mir schnell und so nah, daß ich seinen keuchenden Atem hören kann. Der Ausstieg ist nochmals von einem Dach versperrt, heimtückisch, naß und gefährlich. Wir wissen, daß es das letzte Hindernis ist. Wir nützen nochmals Unebenheiten, kleine winzige Ritzen im Fels aus, überwinden das Dach, sind am Gipfel.

Toni kommt als letzter. Keiner von uns weiß, wie er das wirklich alles geschafft hat, heute, gestern. Er sagt nichts, es gibt nichts zu sagen. Jetzt sitzt er da, auf den Felsen, die er besiegt hat.

»Heute geht alles gut« –
Die Les Courtes-Nordwand

Der flackernde Strahl einer alten Lampe erhellt nur für Minuten die Dunkelheit und Düsternis des Raumes. Wir werden geweckt.
Verschlafen blinzeln wir in das Licht. Es muß etwas nach Mitternacht sein. Schützend hülle ich mich in die warmen braunen Decken.
Obwohl er nichts sagt, weiß ich, daß er wach ist. Ich versinke in einen Halbschlaf, ich weiß nicht, wieviel Zeit vergangen ist, als ich wachgerüttelt werde.
Uwe ist aufgestanden, kramt in seinem Rucksack. In seinen Bewegungen liegt Entschlossenheit, Ruhe. Die Taschenlampe hat er an einen Nagel an einem Balken aufgehängt. Der Schein reicht nur bis zu seinem Rucksack. Ich liege noch im Finstern. Er verläßt den Schlafraum.
Andere sind auch aufgestanden, flüstern sich was zu, ziehen sich an, stolpern über Steigeisen, über klobige Schuhe, gehen endlich durch die knarrende Holztür nach draußen. Etliche schlafen noch, irgendwo schnarcht einer.
Noch gehöre ich weder zu denen, die aufgestanden

sind, noch zu denen, die noch schlafen. Doch ich weiß, zu wem ich mich in den nächsten Minuten gesellen muß.
Langsam schlage ich die dicken Decken zurück. Ich werde nie den Eindruck los, daß sie immer etwas modrig riechen, steige aus dem Matratzenlager und krame nach der Lampe. Ich hänge sie, genau wie vor einigen Augenblicken Uwe, an einen langen rostigen Nagel an dem Balken. Dann ziehe ich mich sorgfältig an. Zwei Paar dicke Socken, dicke, lange Unterhosen, Angoraunterhemdchen, Bundhosen, Unterkittel, Pullover ...
Als ich den Schlafraum verlasse, ist es friedlich still. Eigentlich beneide ich die, die noch in ihren warmen Decken liegenbleiben können.
Leise gehe ich hinaus, wo Kocher summen, geschäftig hin und her gelaufen wird. Ich bekomme plötzlich dieses gewisse Lampenfieber, diese Unruhe vor einer großen Wand.
Es packt mich wie eine lockende Euphorie, wie ein Versprechen.
Kaum nehme ich wahr, was die anderen Bergsteiger zu uns sagen. Nur Brocken verstehe ich: »Die Wand ist vereist, die entscheidenden Seillängen werden schwer sein.«
Ich kaue an einem Kanten Brot, bringe nichts runter, versuche es mit dem Tee. Dann brechen wir auf, Uwe und ich, verlassen die summenden, fauchenden Gaskocher, die schützende Hütte.
Kleine wandernde Lichter bewegen sich auf dem Gletscher. Die Bergsteiger gehen in der Nacht mit Stirnlam-

pen zu ihren Nordwänden. Lange sehe ich ihnen nach. Sie gehen jedoch alle an unserer Wand vorbei, haben ein anderes Ziel. Über schottrige, schuttige Moränen erreichen wir nach einiger Zeit ebenfalls den Gletscher.
Die Nacht ist von einer einsamen, überwältigenden Schönheit. Tausend Sterne glitzern am Himmel. In diesem stillen Dunkel sehen sie aus wie silberne Diamanten. Eine seltsame Harmonie geht von ihnen aus, man spürt sich als Teil dieses Universums. Eine unbeugsame, wilde Kraft, die sie ausstrahlen.
Unsere Wand kann ich nicht sehen, es ist besser so, jetzt. Aber ich spüre ihre Nähe in der eisigen Stille. Gestern habe ich sie zum erstenmal gesehen, als ich mich aus dem überfüllten Gastraum nach draußen geschlichen habe. Steil und einsam stand sie da im violetten Licht der untergehenden Sonne. In der Mitte sah sie schwarz aus, das bedeutet blankes Eis, am steilsten und schwierigsten Stück der Les Courtes-Nordwand.
Dann ist die Sonne untergegangen. Der Wind zauste an meinen langen Haaren, ich streifte die Wand nochmals mit einem Blick. Nicht lange, so als wäre ich einem sehr wertvollen, charaktervollen, sensiblen, leicht verletzbaren Menschen, auch Fabelwesen, begegnet. Die Eiswand blieb zurück in der hereinbrechenden Dämmerung, als ich in die Hütte zurückging.
Jetzt stehe ich wieder davor, kann sie jedoch nicht sehen, nur ahnen. Eine Sternschnuppe fällt vom Himmel. Schnell mache ich die Augen zu und wünsche mir was.
Plötzlich weiß ich, daß heute alles gutgeht, wir haben

eine starke innere Kraft, und wir haben einander. Sollte das Eis noch so steil und blank sein.
Durch einen allmählich weicher werdenden Schnee stapfen wir langsam höher. Uwe geht voran, spurt, jeder Tritt muß neu eingesetzt werden. In geringem Abstand folge ich ihm.
Seine Spuren werden steiler, das bedeutet, daß wir bald am Wandfuß sind. Im Zickzack legt er jetzt seinen Weg, um sich an dem kurzen Stück, das ihm nach jedem Bogen bleibt, etwas auszuruhen.
Jeder geht für sich, hängt einem Gedanken nach, seinen Träumen. Jeder für sich, und doch gehören wir zusammen. Zwischendurch fragt er mich mal, wie es geht.
Dann bleibt er stehen. Schemenhaft hebt sich seine große Gestalt gegen den nächtlichen Himmel ab. Er stellt seinen Rucksack in den Hang, holt das Seil heraus. Ich stelle mich zu ihm, hole den Klettergürtel heraus, stülpe den Helm über meine blaue Wollmütze.
Ich muß daran denken, wie ich die Mütze gefunden habe. Es war nach einer Ballettstunde, da sehe ich in einer Ecke ein verstaubtes undefinierbares Etwas liegen. Ich nehme es mit, wasche es und trage es seither immer auf allen meinen Bergtouren. Die Mütze ist bestimmt froh, daß sie nicht die ganze Zeit in einer Turnhalle liegen muß, denke ich.
Während Uwe in den noch nicht besonders schwierigen Hang steigt, binde ich mich an dem anderen Ende des Seiles fest.
Das Seil ist aus. Ich gehe nach. Das Licht meiner Stirnlampe weist mir den Weg. Noch sichern wir nicht. Die

Tritte von Uwe sind groß und tief, erscheinen mir wie richtige Badewannen.
Es ist ganz ruhig. Wenn ich stehe, höre ich nur meinen eigenen schnellen Herzschlag. Wieder strafft sich das Seil, Uwes Zeichen, daß ich weiterstapfen muß.
Die Tritte werden mit einemmal kleiner, die Wand steilt sich auf. Als ich die vierzig Meter ausgehe, die Seillänge, sehe ich über mir einen kleinen hellen Lichtkegel, darunter die hagere Gestalt meines Partners. Uwe steht da und wartet auf mich, sichert mich zu sich hinauf, zum anderen Ende des Seils.
Die Wand wird jetzt kompakt, hart. Ich stehe da, wo vor kurzem noch mein Bergfreund gestanden hat. Langsam gebe ich das Seil nach, Zentimeter um Zentimeter, bis es aus ist, bis ich nachkommen kann, muß.
Die Eisschraube steckt als feste Verankerung und Selbstsicherung für mich im Eis. Jedesmal, bevor ich meinen Standplatz verlasse, schraube ich mit Hilfe des Eispickels dieses Stück Eisen heraus.
Die Sterne sind fast verblaßt. Es wird eiskalt, während die Dämmerung über die Wand heraufkriecht. Kalter Wind fährt über die Flanken. Der Himmel ist von einem undurchsichtigen Grau.
Zitternd vor Kälte schraube ich meine Selbstsicherung, einen Eishaken, heraus. Ich ziehe die Handschuhe aus, nach kurzer Zeit kleben die Finger am Metall fest. Dann baumelt der Haken an meinem Klettergürtel.
Mein Atem geht keuchend und schnell. So geschickt wie möglich handhabe ich meine beiden Werkzeuge, einen Stichel und einen Eispickel. Diesen Pickel, den

ich in der rechten Hand halte, haue ich ins Eis, steige mit dem rechten Fuß höher, während ich mit der linken Hand mein Gleichgewicht herstelle. Allmählich komme ich höher.

Die Wand ist fast senkrecht. Uwe bewegt sich ganz vorsichtig weiter. Das Eis ist jetzt blank und steinhart. Wir sind an den berühmten Schlüsselseillängen angekommen, von denen viele Bergsteiger sagen, diese Seillängen seien das Steilste, was es im Eis in den Alpen zu gehen gibt.

Still und frierend stehe ich an meinem winzigen Standplatz, nur zwei Fuß ist er groß. Uwe schlägt beim Höhersteigen mühsam kleine Tritte aus dem Eis.

Am Horizont färbt sich der Himmel allmählich dunkelrot. Uwe steht nur noch auf den vordersten Zacken seiner Steigeisen, während er sich entschlossen und sicher Zentimeter um Zentimeter höherkämpft.

Das Seil ist aus. Uwe hat noch keinen Stand. Jetzt haut er senkrecht über mir einen kleinen Platz zum Hinstellen aus dem Eis. Das steinharte Eis schlägt in dumpfen Schlägen auf meinen Rucksack, den ich mir schützend über den Kopf halte.

Das Seil ist gespannt, dann steht Uwe auf seinem kleinen Platz, den er sich gerade herausgeschlagen hat. Meine Waden schmerzen, während ich mich nach oben kämpfe. Jeder Nerv ist angespannt, ich traue mich fast nicht zu atmen. Die Luft scheint stillzustehen für Sekunden.

Unbarmherzig und gnadenlos fressen sich der Schmerz und die Anstrengung in meine Glieder. Doch ich beiße

mich durch, erreiche meinen Partner. Platz für zwei ist hier nicht. Uwe gibt mir seinen mühsam herausgeschlagenen fußgroßen Tritt zum Ausruhen und als Standplatz.
Über meinen Kopf hinweg sichere ich Uwe Zentimeter um Zentimeter höher. Längst ist das Violett des Morgenrots einem zarten, durchschimmernden Rosa gewichen. Der Himmel ändert seine Farbe von diesem milchiggrauen Nichts zu hellem, langsam kräftig werdenden Blau.
Die Wand schimmert grün und blau, weiße Schneefahnen wirbeln weit von uns entfernt in die Tiefe. Uwe hat nach einer Querung einen Stand erreicht, ist jetzt plötzlich meinen Augen entschwunden.
Bei guten Verhältnissen kann man rechts zu den Felsen ausweichen, doch heute sind sie vereist, unbegehbar. Während ich vor der Querung, an der kurz vorher Uwe gestanden hat, die Zwischensicherung rausschraube, merke ich, daß sich langsam mein linkes Steigeisen löst.
Das Herz schlägt mir bis zum Hals, mein Mund ist trocken. Ich fühle Panik und weiß im selben Moment, daß ich keinen Fehler machen darf. Ohne Steigeisen bin ich in dieser Eiswüste verloren, ein Nichts.
Mühsam schlage ich mir einen Tritt heraus, ein Schlag, noch ein Schlag. Das Eis löst sich aus der glatten Fläche, schießt in die Tiefe. Vorsichtig ziehe ich mein linkes Bein nach, befestige die Riemchen, mit dem rechten Fuß halte ich die Balance. Es dauert nur Sekunden, doch mir schießen die Tränen in die Augen vor Anstrengung und Angst.

Einen Fuß neben den anderen setzend, gehe ich in die Querung. Die Steilheit der Wand ist für mich jetzt völlig nebensächlich. Hauptsache, ich habe meine beiden Eisen noch an den Füßen.

Ich gehe frecher, knirschend fressen sich die Frontzakken meiner »Hufe« in die glatte Wand. Bald sind wir aus den Schlüsselseillängen. Wenn ich zurückblicke, kann ich es fast nicht fassen, daß da jemand raufsteigen kann. Mit einemmal wird das Eis griffiger, weicher, die Standplätze richtig komfortabel, das heißt, wir können beide fast gerade nebeneinander stehen. Wir teilen eine Schokolade, lachen, machen uns Mut.

Uwe steigt wieder. Zwischendurch macht er einen Witz, dann holt er mich nach vierzig Metern wieder zu sich rauf. Das geht so eine Zeitlang.

Doch genauso schnell, wie sich die Verhältnisse in der Wand besserten, werden sie nach etlichen Seillängen wieder schlecht.

Seit Stunden sind wir unterwegs. Die Sonne brennt jetzt gnadenlos, der Himmel ist strahlend blau, während wir uns weiter nach oben kämpfen, monoton. Wann ist diese Tortur nur zu Ende, dieses ewige Warten, Seilnachgeben, Nachsteigen?

Da trifft mich ein Eisbrocken an der rechten Hand. Erschrocken schreie ich auf vor Schmerz. Schlagartig wache ich auf aus meiner Monotonie. Ich bin wütend, zornig, ungeduldig.

Unerbittlich brennt die Sonne auf die Wand, meine Lippen sind aufgesprungen, langsam, ohne mich dagegen wehren zu können, verfalle ich in einen wüsten

Tagtraum: Kalte Neonlichter werfen ihr Licht auf meinen Körper, grell und unbarmherzig. Ein Arzt im weißen Kittel sticht mir eine Nadel durch den Hals. Ich möchte mich dagegen wehren, doch ich kann nicht, denn ich bin in Halbnarkose. Rings um mich herum stehen im Halbkreis Männer mit weißen Kitteln. Ihre Gesichter verzerren sich, ihr Lächeln wird zu einer kalten Fratze. Ich möchte schreien, doch ich kann nicht. In der Nacht versuche ich wieder zurückzukehren ins normale menschliche Bewußtsein. Es gelingt mir nicht. Die ganze Schwere meines Daseins droht mich zu vernichten. Später, als es mir besser geht, denke ich immerzu an diese Wand. Die ängstlichen Ärzte verbieten es, doch ich höre nicht auf sie, will zu der Les Courtes-Nordwand, einer der steilsten Nordwände der Alpen.

Meine Gedanken kehren in die Wirklichkeit zurück. Die Wand ist kein Wunschtraum mehr, sie ist harte, kalte, steile Realität. Eine Schneefahne wirbelt über die Wand, verliert sich in der Ferne.

Uwe und ich haben lange nichts mehr miteinander geredet. Vorher hat es noch so ausgesehen, als wäre es nur noch ein kleines Stück bis nach oben, doch Schnee und Eis täuschen. Nun schauen wir nicht mehr hoch, um abzuschätzen, wie weit es noch ist, lassen uns nicht mehr narren.

Uwe bleibt jetzt öfter stehen, bevor er seinen Standplatz bezieht und das Seil nachholt. Ich bleibe auch stehen, verharre, blicke zu Uwe, gehe weiter.

Dann ist es aus, plötzlich. Uwe steht aufrecht auf einer

Plattform. Ich steige, wie schon so oft, Meter für Meter zu ihm hoch, erreiche ihn.
Wir sind am Gipfel. Spontan umarmen wir uns.
Alles ist vorbei, der Kampf ist ausgefochten. Niemand ist hier oben, doch wir fühlen uns nicht mehr so einsam und allein wie unten in der Wand.
Wir machen uns an den Abstieg, er ist lang. Erst geht es über einen Grat, dann gehen wir in die Nordostwand. Der Schnee ist gut, schnell kommen wir tiefer.
Wir gehen am laufenden Seil. Ich voran, dann Uwe. Ich habe jetzt abgeschaltet wie ein nepalesischer Fakir, nur noch meine Instinkte sind wach, hellwach. Wenn einer von uns fliegt, hat das den sicheren Absturz für uns beide zur Folge. Jeder von uns beiden kämpft für sich, vertraut auf die Fähigkeiten des Seilpartners.
Wir kommen gut voran, zwischendrin sichern wir, wenn der Schnee hart wird. Als sich vor uns eine große Randspalte auftut, läßt mich Uwe erkunden. Er meint, wenn ich reinfalle, kann er mich jederzeit retten, da ich nicht so schwer bin wie er.
An der Lippe der Spalte stelle ich fest, daß sie so tief und so breit ist, daß man gerade noch drüberspringen kann. Wenn ich Glück habe, hält die Schneedecke auf der anderen Seite. Ich muß nur weit genug springen. Die Spalte ist gähnend, das Eis schimmert auf beiden Seiten. Schnell nehme ich einen tüchtigen Anlauf, Uwe hält das Seil fest in der Hand. Einen Moment setzt mein Denken aus, und ich lande glücklich auf der anderen Seite der Spalte.
Der Tag neigt sich schon dem Ende zu. Wieder sind wir

auf dem Gletscher wie am Morgen. Die Hütte steht an seinem Rande wie eine kleine Insel. Müde schleppen wir uns über die Moränen. Aus dem Fenster der Hütte kommt warmes Licht.
Mit müden Schritten schleiche ich hinter dem großen Uwe her. Wir haben die Wand nicht besiegt, schießt es mir durch den Kopf. Man kann sie nicht besiegen, diese Wände, man kann ihnen höchstens einen Besuch abstatten ...
Erste Sterne sind am Himmel, und dann versinkt dieses ganze Wunder an Natur; es versinken die weiten Gletscher, die unnahbaren Wände im schnell hereinbrechenden Dunkel der Nacht.

Um Millimeter – Steinkarspitze Südost-Grat

Es ist ein kalter, dunkler Morgen. Am Himmel verblassen die letzten Sterne.
Der Wind jagt heulend über düstere steile Hänge. Schemenhaft hebt sich, nur drei Schritte vor mir, die lange Gestalt von Hermann ab. Er spurt zum Einstieg des Südostgrates der Steinkarspitze.
Eine schwere Tour, jetzt im Winter.
Hermann geht langsam. Etwas bedrückt ihn. Ich habe keine Gelegenheit, weiter darüber nachzudenken, denn eine glatte Eispassage versperrt mir den Weiterweg. Manchmal bleibt mein Gefährte stehen. Das schwache Licht seiner Stirnlampe flackert in die Dunkelheit dieser Nacht.
Der Wind nimmt noch etwas zu, und der Himmel ist leer, als wir den Einstieg zum Grat erreichen. Der Mond ist nicht mehr zu sehen, kein Stern, nicht einmal Wolken.
Schwer atmend stehen wir nebeneinander.
Hermann bindet mich jetzt ins Seil rein. Sich selbst an das andere Ende. Er sagt nichts, und sein Gesicht verrät keinerlei Regung.

Jetzt komme ich erst recht nicht dazu, über etwas nachzudenken. Weit oben über mir hebt sich schwarz und drohend eine glatte, eisig verschneite Wand.
Der Himmel, die Felsen, der Schnee – alles ist kalt und feindlich.
Mich fröstelt, und ich schaue Hermann an. Das Seil um meine Brust ist mir plötzlich zu eng. Ich habe das Gefühl, es lösen zu müssen, einfach wegzugehen. Hermann schaut mich an.
»Du gehst voran, du kannst das, ich habe dir oft zugeschaut. Ich bin heute müde!«
Das ist es also. Er fühlt sich müde. Eigentlich möchte ich etwas dazu sagen, aber irgend etwas in seinem Gesicht, in seinen Augen, veranlaßt mich, keine Antwort zu geben.
»Also dann«, sagt er, »es geht los!«
Ja, es geht los. Ich steige weg von unserem gemeinsamen, sicheren Platz, zögere, verschwinde Sekunden später um die Ecke, da wo die in dieser Stimmung unheimlich wirkenden steilen Felsen beginnen.
Alles ist naß, klamm, eisig kalt. So geschickt wie möglich verspreize ich meine Füße in einem klitschigen, düsteren Kamin. Es ist mir, als wäre es hier noch dunkler als unten. Wenn ich nur eine Sicherung anbringen könnte, einen Haken oder eine Schlinge!
Ich schalte mein Denken aus und erreiche eine vereiste, glatte, abweisende Platte. Der Schweiß steht mir auf der Stirn. Und dann setze ich meine Füße ein, rechts eine Standfläche, nicht sehr groß, eher ein winziger Tritt, doch es müßte reichen.

Nein, er hält nicht. Der Stein, auf dem ich stehe, gibt unter meinem Fuß nach.
Aber links ist eine Möglichkeit. Ich steige, überliste die Platte, erreiche plötzlich einen Haken, hänge das Seil ein.
Hermann kommt nach, von mir von oben gesichert. Er müßte zufrieden sein, daß ich vorausgegangen bin, daß ich ihn hochgesichert habe.
Aber sein Gesicht ist undurchdringlich. »Geh schon weiter«, sagt er.
Ich gehe weiter, mechanisch fast. Die Zeit vergeht, ich weiß nicht, wie. Minuten? Stunden?
Dann ist es doch Tag geworden. Nicht nur hell, die Sonne brennt unbarmherzig auf uns herab.
An einem überwächteten Gratstück läßt Hermann mich stehen und bindet mich an einem sicheren Platz an dem Gestein fest. »Warte, bis ich drüben bin«, sagt er, »sichere mich langsam.«
Er hat also das Gefühl für den Fels verloren, fährt es mir durch den Kopf. Doch dieses Stück, das so viel Erfahrung verlangt, da geht er vor, riskiert alles, um uns sicher darüber zu bringen.
Er prüft die Wächten, haut an manchen Stellen drauf. Er geht vorsichtig, ich gebe das Seil nach. Meter für Meter arbeitet er sich weiter. Ich halte den Atem an. Tief unten in den Wänden poltern manchmal Steine, die jetzt von der Sonne losgeschmolzen werden.
Hermann ist jetzt aus meinem Blickfeld verschwunden. Es ist ganz still. Vom Seil ist nur noch ein ganz kurzes Stück übrig, Hermann muß also circa vierzig Meter von

mir entfernt sein. Irgendwo über mir. Ich warte, rufe, doch es kommt keine Antwort.
Über mir ragen schroffe Felstürme auf. Irgendwo da oben muß Hermann jetzt sein.
Wieder schreie ich. Es bleibt still. Ob er einen Standplatz hat? Andererseits kann ich doch nicht ewig hier warten!
Dann binde ich mich los, steige langsam über die steilen, gefährlich überhängenden weißen Wächten.
Der Schnee gibt plötzlich nach. Die heiße Sonne! Erschrocken gehe ich schnell weiter. Jetzt bricht das Stück, auf dem ich eben gestanden habe, einfach in die Tiefe.
Ich hole das Seil ein. Ich muß weiterklettern, obwohl ich gar nicht will. Meine Beine schmerzen, meine Kehle ist jetzt ganz trocken.
Die Mittagshitze macht mir zu schaffen. Ich kann fast nicht mehr.
Ich steige um die Ecke und – sehe Hermann. Er holt das Seil ein und auch das Stück, welches ich frei in den Händen trage.
»Ich habe dich nicht gehört«, sage ich.
»Du kannst mich nicht hören«, sagt er. »Der Grat verschluckt unsere Stimmen.«
Wir haben die gefährlichen Wächten hinter uns. Ein steiles Wandstück ragt vor uns auf. Beängstigend. Es erscheint mir unbezwingbar.
»Geh du wieder zuerst«, höre ich Hermann sagen.
Ich verdränge die aufkommende Wut darüber, daß er mich wieder vorschickt. Später werde ich ihm das

schon sagen, doch jetzt ist keine Zeit dafür! Wir müssen durch, um vier Uhr, also in knapp zwei Stunden, wird es hier oben stockfinster sein.

Eis versperrt mir den Weiterweg. Es geht nicht, nein, es ist völlig unmöglich. Tränen drücken sich in meine Augen. Dann ist mir plötzlich, als würde ich mich in Luft auflösen. Ich habe keinen Körper mehr, keine Seele, keinen Willen. Ich bin ein Stück dieser Felsen, mehr nicht, ich bin Staub.

Meine Füße finden jetzt plötzlich Halt auf spiegelglatten, winzigen Tritten, meine Hände krallen sich in den Fels, in winzige Spalten und Unebenheiten. Langsam begreife ich, daß ich wie eine Fliege an der senkrechten Wand klebe.

Erst als das Seil aus ist, als es an meiner Brust zieht, komme ich wieder zu mir: Ich bin oben. Ich habe keine Kraft mehr im Körper, es ist so, als sei er nur noch eine leere Hülle.

Ich möchte mich fallen lassen, einfach so, gehe in die Hocke.

Da brüllt Hermann von unten. Er verlangt Zug. Klar, er will ja nachkommen. Ich ziehe aus Leibeskräften, ich ziehe das, was ihn mit mir verbindet, ziehe an dieser Leine, die uns auf Gedeih und Verderb miteinander verbindet.

Wir bekommen Sichtkontakt.

»Wir müssen weiter«, ruft er mir zu, und der Ausdruck seines Gesichts verrät mir, daß er meine Gemütsverfassung erkennt.

Ich stehe auf, automatisch. Die Felsplatte ist über und

über verschneit, keine Möglichkeit weiterzukommen. Es ist einfach zu Ende, hier ist keine Unebenheit, nichts mehr.
Nachdem ich ein steiles Schneefeld überquert habe, hängt das Seil zwanzig Meter frei in der Luft.
Nun kann ich Hermann wieder nicht mehr sehen. Nur spüren, am Seil.
In diesen Sekunden begreife ich, daß mir nichts und niemand hilft, daß ich allein bin, ausgeliefert.
Aufgeben, denke ich. Im nächsten Moment jedoch ist mir bewußt, daß das nicht geht. Es bleibt uns nichts anderes übrig, als weiterzumachen, gemeinsam, sonst kommen wir nie mehr von diesem gottverdammten Platz weg.
Plötzlich wachsen mir neue Kräfte. Die Kraft der Verzweiflung. Ich steige höher. Wie ein Automat. Ich klettere, weil ich muß, weil das meine einzige Chance ist. Und – weil Hermann am Seil hängt.
Jetzt erreiche ich wieder einen Standplatz, verschnaufe ein paar Sekunden. Instinktiv lege ich für meinen Partner eine Schlinge, damit er sich leichter tut beim Nachsteigen. Dann schaue ich in die Tiefe, schaue mir von oben die eben bezwungenen letzten Meter an, und sichere meinen Gefährten zu mir herauf.
»Jetzt haben wir es bald geschafft«, muntert er mich auf.
Tatsächlich. Nach einer steilen Schneerinne sind wir endlich am Gipfel. Welch ein Glücksgefühl durchströmt uns, als wir uns niederlassen und etwas zu uns nehmen können.

Kalter Wind kommt auf, und die Sonne verliert bereits an Kraft und Wärme. Wolken bauschen sich weit im Osten zusammen, es ist wie ein wallender weißer Schleier. Schwerelos treiben sie dahin, kommen auf unseren Gipfel zu.
Da und dort ahnt man bereits die nahende Dämmerung. Das Tageslicht wird bald schwinden. Wir müssen absteigen.
Überall ist der Fels bereits gefroren, gefährlich eisig.
Nach einiger Zeit kommen wir an die Abseilstelle. Wir binden uns aus, fädeln das Seil durch den Haken. »Du mußt als erste runter«, sagt Hermann.
Ich sage nichts, hänge mich mit meinem ganzen Gewicht an diesen winzig kleinen Haken, an dieses glitzernde Stück Metall, an dieses Nichts in dieser gigantischen, furchterregenden, verschneiten Felswand, und versuche, möglichst schnell nach unten zu kommen. Nicht zu schnell und nicht zu ruckartig, damit Seil und Haken nicht unnötig belastet werden.
Dann ist das Seil aus, und ich stehe auf einem windumtosten kleinen Platz.
»Mach jetzt das Seil frei!« schreit Hermann von oben. Es hallt deutlich durch diesen klaren, sich langsam zu Ende neigenden Winternachmittag, und ich höre ihn so deutlich, als stünde er ganz nah bei mir und nicht vierzig Meter entfernt.
Ich gebe das Seil frei, es hängt jetzt einen Meter vor mir frei in der Luft.
Vor mir geht es unendlich in die Tiefe. Die Tiefe ist wie ein brodelndes Loch. Ich stehe frei und ohne jede Siche-

rung da. Meine Hände greifen in den Schnee. Der Schnee schmilzt auf meiner Handfläche.
Da höre ich einen Schrei. Erschrocken blicke ich nach oben.
Dort löst sich ein Stein, riesig, dunkel. Er kommt direkt auf mich zu. Mir scheint er unfaßbar groß, als er näher und näher kommt. Mit rasender Geschwindigkeit. Aber mir ist, als erlebte ich das wie in einer Zeitlupenaufnahme. Er schlägt links und rechts an den Wänden an, springt.
Und dann ist er da, gleich einem großen, unheimlichen, alles zerfressenden Ungeheuer. Ich sehe ihn. An der linken Seite glänzt er metallen.
Mit letzter Verzweiflung, im letzten Sekundenbruchteil, werfe ich mich in den Schnee. Ein harter Schlag trifft meinen Körper. Es wird dunkel um mich herum.
Dann ist es wieder hell. Alles um mich herum wirkt so merkwürdig durchsichtig. Mir ist, als flöge ich einem Vogel gleich hinaus ins All, immer weiter und weiter. So ist das also ...
Von irgendwoher kommt eine Stimme. Sie interessiert mich nicht. Ich fliege der Unendlichkeit entgegen.
Die Stimme! Es ist Hermann! Er brüllt nach mir: »Reinhilde, bist du noch da?« Dann nach kurzer Zeit noch mal.
Bin ich noch da? Natürlich bin ich noch da! Ich höre ihn doch! Ich muß antworten, verdammt, ich muß etwas sagen, schreien, damit er Bescheid weiß, damit er nicht wegrennt.
Kann ich es? Habe ich die Kraft?

»Ja, ich bin noch da«, sage ich kraftlos, wie mir scheint. Wahrscheinlich hat er mich nicht gehört. Alles bleibt still.
Doch dann ist er plötzlich bei mir. In panischer Angst tastet er mich mit seinen Händen ab. Mir ist dabei, als zerreiße mich der Schmerz.
»Nein, er hat dich nicht getroffen!« murmelt Hermann.
»Die Beine«, sage ich. »Ich spüre sie nicht mehr. Und der Kopf. Und innen, es tut mir alles so weh ...«
»Es ist der Schock«, sagt Hermann. »Der Stein hat dich um Millimeter verfehlt. Wirklich nur um Millimeter ...«
An meiner rechten Seite, an einem Überhang, sehe ich plötzlich eine weiße wunderbare Blume. Ich starre sie an. Wie kommt es, daß jetzt mitten im Winter eine Blume blüht? Mir ist, als könne ich sie leibhaftig spüren, sie riechen, sie anfassen. Wie zart sie ist, wie sie duftet.
Sie ist wie ein Band zum Leben. Ein Wunder. Ich sehe eine Blume. Ich lebe!
Langsam verschwindet sie, löst sich auf. Eine Vision. Ich habe sie geträumt.
Hermann bindet mich am Seil fest, sorgsam und umsichtig, als hätte er ein Juwel gefunden. Dann läßt er mich langsam in die Tiefe gleiten.
Ich mache nichts mehr, hänge nur am Seil. Die Tiefe wächst, ich sehe eine tiefe schwarze Höhle, es ist mir, als wäre es die Hölle. Ich schreie und schreie. Schwarze nasse Mauern starren mich an. Mitleidlos, kalt; sie gehen weit in den Berg, und es ist mir, als würde hier die

Hölle beginnen. Ich zittere wie Espenlaub, und als das Seil sich wieder strafft, kommt mir zu Bewußtsein, daß ich keinen einzigen Ton von mir gegeben habe.

Seillänge um Seillänge geht es weiter. Manchmal poltern Steine, doch keiner trifft.

Die Dämmerung bricht herein, langsam, schleichend.

»Du mußt jetzt abklettern«, sagt Hermann. »Versuche es. Hier gibt es nichts mehr zum Sichern ...« Und ich klettere. Meine Beine brennen wie Feuer.

Hermann gibt von oben Anweisungen, wie ich gehen soll. Dann kommt er nach, und er tut es mit einer Leichtigkeit und Stärke, die ich langsam mehr und mehr begreife.

Graue Schneefelder nehmen uns auf, die nassen, schwarzen, eisigen Mauern geben uns frei, sie hören einfach auf. Müde, halb ohnmächtig, sinke ich in den Schnee.

Auch Hermann hat das letzte Stück überwunden, ist bei mir. Das Seil ist aus, er zieht es ab, rollt es zusammen und steckt es in den Rucksack. Dann nimmt er meinen Rucksack auch noch auf den Rücken. »Mädchen, wir müssen weiter. Ich helfe dir! Komm!«

Ich hänge an seinen Schultern, in meinen Armen habe ich noch die meiste Kraft. Langsam kommen wir vorwärts, abwärts.

Als der Hang nicht mehr so steil ist, nimmt Hermann mich auf die Arme und trägt mich wie ein Kind. Es ist anstrengend und gefährlich für ihn. Sein Atem geht schwer.

Die Dunkelheit holt uns langsam ein. Ich bekomme

Schüttelfrost, Fieber steigt mir in den Kopf, durch den Körper.
»Wir müssen uns beeilen«, sagt Hermann, »wir müssen in die Hütte zurück, in die Wärme!« Der Wind heult, und weit oben am Himmel zeigen sich die ersten Sterne. Hermann ist völlig ausgepumpt.
Im pulverigen tiefen Schnee sinkt er mit mir auf den Armen zusammen. Er kann nicht mehr.
»Da unten irgendwo ist die Hütte«, sagt Hermann. »Du muß noch einmal alle Kräfte zusammennehmen. Du schaffst es!«
Auf allen vieren krieche ich durch den Schnee, die Beine versagen total den Dienst, meine Hände sind eisig gefroren.
Hermann geht hinter mir. Schon ist es stockfinster. Manchmal sacke ich einfach weg, dann zieht mich Hermann wieder in die Höhe.
Als wir fast die Hüttenterrasse erreicht haben, kommt uns ein Mann entgegen; er hat einen roten Pullover an.
»Was ist passiert?«
Hermann sagt nur: »Schnell, wir müssen sie ins Haus bringen ...«
Sie packen mich, schleppen mich ins Warme. Drinnen untersuchen sie meine Füße, meine Hände. »Nein, keine Erfrierungen!« höre ich eine Stimme.
War es nur ein Schock? Doch nein, da ist wieder eine Stimme. »Beide Oberschenkel über und über angeschwollen, müssen böse Prellungen sein. Und dann der Rücken ...«
»Was ist?« frage ich voller Schreck.

»Ein riesiger blauer Fleck. Tut's weh?«
Und ob!
»Vermutlich böse verstaucht«, sagt der im roten Pullover.
»Ein Glück, wenn es sonst nichts ist«, höre ich Hermann. »Sie hat sich gerade noch zur Seite werfen können, vermutlich auf eine Felskante. Sicher hat sie sich dabei verletzt. Andernfalls hätte der riesige Felsbrocken sie erschlagen. Daher der Schock, das Fieber.«
Ich liege auf dem Lager und friere, und das trotz der vielen Wolldecken, die sie auf mich gelegt haben. Das Feuer prasselt im Ofen. Das Licht der Deckenlampe ist warm, und mich schütteln Fieberkrämpfe.
Aber das Wissen darum, daß mir nichts passiert ist, wenigstens nicht ernstlich, gibt mir wieder Hoffnung und Zuversicht. Morgen werde ich mich auf den Rucksack setzen und den langen Weg runterziehen lassen.
Langsam läßt der Schüttelfrost nach, und ich werde ganz warm. Mit Unterbrechungen schlafe ich sehr ruhig.
Am nächsten Tag machen wir es so, wie ich es mir in der Nacht überlegt habe: Da ich tatsächlich nicht mehr gehen kann, setze ich mich auf den Rucksack. Der Schnee ist hart, und so kann mich Hermann ganz gut ins Tal hinuntertransportieren.
Weiter unten, da, wo es wieder flach wird, humple ich an zwei Krücken, die der Mann im roten Pullover mir aus zwei Stecken konstruiert hat. Erschöpft, aber glücklich erreichen wir das Tal.

»Die Felle sind weg« – Mit Geli zum Montblanc

Lange schon will ich mit Skiern auf den Montblanc. Unvorhergesehen bietet sich jetzt eine Gelegenheit.
»Über die Grande Mulets-Hütte aufzusteigen ist zu gefährlich! Wegen der vielen Gletscher«, meint Helmut, unser älterer Bruder.
»Natürlich!« sage ich. »Ich will auf keinen Fall etwas riskieren«, und beruhige ihn. Denke mir aber meinen Teil.
Für Angelika, meine Schwester, besorgen wir Skier, von einer Freundin aus dem Dorf Felle, die Gletscherbrille würde sie von mir kriegen, ebenso die anderen Ausrüstungsgegenstände wie Schuhe, Rucksack oder Bekleidung.
Einen Tag später schon sind wir unterwegs. Unser Auto ist übervoll mit Gepäck, als wir Richtung Schweiz fahren. Es ist ein wunderschöner Tag. Die Bäume blühen, und es riecht nach frischer herrlicher Luft.
Am Nachmittag erreichen wir Chamonix. Hier hat es ziemlich geregnet.
Die meisten Hotels haben jetzt im Mai noch geschlos-

sen, kein Problem für uns, wir wollen sowieso unter dem freien Himmel nächtigen.
Wir schlendern durch die Cafés des berühmten Bergsteigerortes, es ist auch noch nicht viel los.
Gegen zehn Uhr suchen wir uns einen Platz für die Nacht. Ein Ferienhaus scheint uns sehr geeignet zu sein. Es hat ein großes Vordach, das uns bei Regen schützen würde, außerdem eine ebene Fläche für unsere Luftmatratzen.
Die Schlafsäcke sind so warm, daß wir gar kein Zelt brauchen. Wir schlafen tief und fest wie die Füchse.
Morgens um sechs Uhr sind wir schon auf den Beinen. Wir hängen unseren Wasserkanister an einen Ast im Wald, das ist unsere Dusche.
Dann setzen wir uns auf eine Holzbank neben einem Schuppen und nehmen unser Müsli zu uns. Weit und breit ist kein Mensch zu sehen.
Schon kommt der Montblanc in den unwahrscheinlichsten Farben aus den Wolken. Gelb und braun, blau und weiß schiebt er sich königlich über unseren Köpfen in den Himmel.
»Geli, das ist der Montblanc«, sage ich zu meiner Schwester. »Da werden wir gleich hinaufsteigen.«
Geli sperrt Mund und Nase auf. »Ein so hoher Berg, ja kann man denn da tatsächlich mit Skiern raufgehen?«
»Man kann«, mache ihr Mut.
»Aber wie, und von welcher Seite?« fragt sie ungläubig.
Zwar weiß ich es selbst auch nicht ganz genau, aber ich erzähle ihr etwas, damit sie das Gefühl hat, als wäre ich mir vollkommen sicher.

Dann fahren wir in den Ort und leihen für Geli in einem Sportgeschäft Steigeisen und Stirnlampe aus, denn das fehlte noch in ihrer Ausrüstung.
Wir würden noch einen Tag warten und dann die Grande Mulets-Hütte ansteigen.
Als es Abend wird, gehen wir an einen Lagerplatz im Wald und machen uns auf offenem Feuer unser Essen warm. Es ist eine Feuerstelle, die am Nachmittag schon von Einheimischen benutzt wurde.
Wind kommt auf. Langsam wird es empfindlich kalt, und wir kehren wieder zurück zu unserem Platz unter dem Vordach. Der kurze Regen in der Nacht kann uns nichts anhaben.
Nach dem Frühstück brechen wir auf. Mit unseren schweren Rucksäcken fahren wir hinauf bis zur Mittelstation, von wo es nur zwei Stunden bis zur Hütte sein sollen.
»Zwei Stunden ist ja nicht so viel«, meint Geli und hält ihre Skier fest, während die Gondel über bewaldete Hänge langsam in die Höhe schwebt. Außer uns beiden sind keine Skifahrer in der Bahn, nur noch einige Frühjahrstouristen.
Es sollte eigentlich für meine Schwester keine Probleme geben, denke ich im stillen. Ich war schon oft mit ihr zum Bergsteigen im Allgäu. Sie ist immer sehr diszipliniert und sehr konditionsstark gewesen.
Als die Bahn hält, empfängt uns ein frischer Wind. Nachdem wir ein kleines Stück marschiert sind, setzen wir uns auf die Felsen und machen erst nochmals kräftig Brotzeit.

Als Geli schimpft: »Der Rucksack ist ganz schön schwer«, kann ich ihr nur antworten: »Je mehr wir essen und trinken, desto leichter werden die Rucksäcke, vor allem die Getränke wiegen viel.«
Geli sagt nichts mehr, sondern bindet sich die langen dunkelblonden Locken zusammen.
Dann machen wir uns auf den Weg.
Wir gehen da hinauf, wo die anderen herunterkommen. Leichtsinnig wie wir sind, haben wir nicht einmal eine Karte dabei. Aber es gibt sowieso nur eine Spur, der gehen wir immer nach.
Der Schnee ist ziemlich weich jetzt um die Mittagszeit.
Allmählich wird es immer ruhiger um uns. Während ich versuche, gleichmäßig zu gehen, beobachte ich meine Schwester. Wie nicht anders erwartet, kommt sie gut mit den Verhältnissen zurecht.
Bald schon sehen wir keine Seilbahnstation mehr. Jetzt sind wir ganz allein. Ganz allein scheinen wir allerdings nicht zu sein. Die Gletscherhänge rumoren und arbeiten ununterbrochen. Für mich ein gewohntes Geräusch. Für Geli jedoch überraschend und furchteinflößend.
Zwischendurch endet die Spur, und wir müssen über Felsen steigen. Geli hat da ihre Probleme. Während ich warte, rede ich beruhigend auf sie ein, wie man es im Himalaja mit den Yaks tut, wenn sie nicht mehr weiter wollen.
Wieder ist jetzt unsere Spur zu Ende, und wir müssen ein langes Tal durchqueren. Es geht fast senkrecht hinunter. Hunderte von Metern, immer weiter hinunter.

Während ich vorangehe, schaue ich immer wieder zurück. Geli folgt erst etwas unsicher, doch dann hat sie es geschafft und ist bei mir. Sie scheint keine Angst mehr zu haben.
Kurz danach lösen sich bei meiner Schwester die Felle. Angstvoll schaut sie auf mich.
Wir stehen an einem nicht ungefährlichen Platz.
»Warte«, sage ich. »Ich werde sie dir reparieren.«
Nachdem Geli die Ski ausgezogen hat, versuche ich die Felle zu lösen. Da reißen sie. Etwas beunruhigt schaue ich in die gähnende Tiefe.
Es ist wirklich sehr warm, vielleicht etwas zu warm!
»Wir müssen schauen, daß wir hier schnellstens rauskommen«, denke ich und sage laut: »Das werd' ich gleich haben! Warte nur!«
Da löst sich oben ohne Vorankündigung plötzlich eine kleine Eislawine. Sie kommt direkt auf uns zu. Immer näher und näher.
Geli schaut wie fasziniert. Da erst begreife ich, daß ich eine totale Anfängerin mitgenommen habe. Geli hat so etwas noch nie erlebt.
»Geli«, schreie ich, »geh weg, geh zurück! Schnell zurück, zurück!«
Mein lautes Schreien hat Geli von ihrer Starre befreit. Wie in Trance packt sie ihren Rucksack, geht zurück.
Die schweren Eisbrocken schießen in die Tiefe, nur einige wenige Meter an uns vorbei, und krachen in den Abgrund.
Geli ist zu Tode erschrocken, in ihrem Gesicht steht das

blanke Entsetzen. Aber auch ich merke, daß meine Hand, in der ich ihre Felle halte, ziemlich zittert.
Die Felle müssen genäht werden. Ich hole einen Nähfaden aus meinem Rucksack und versuche an dieser ausgesetzten Stelle, die Felle zu reparieren.
Es gelingt mir ganz gut, da ich schon einige Erfahrung mit solchen Arbeiten habe. Zwischendurch versuche ich meine Schwester zu trösten.
Dann können wir wieder weitergehen. Wenn nur die Querung mit dem schauerlichen Abgrund endlich zu Ende wäre, denke ich im stillen, während Geli jedoch immer sicherer über die schmale Spur geht.
Endlich kommen wir auf ein weites Gletscherfeld. Wir seilen uns an.
Es ist unbarmherzig heiß. Die Luft scheint stillzustehen. Wir trinken wie zwei Verdurstende aus der Trinkflasche.
»Wann sind wir denn endlich oben«, schimpft meine Schwester. Zwei Stunden sind längst vergangen, und weit und breit ist keine Hütte in Sicht.
Es würde noch lange keine Hütte in Sicht sein, es sind keine zwei, sondern mindestens vier Stunden bis zur Hütte! »Bald«, sage ich beruhigend. »Warte nur ab!«
Über riesige Gletscherbrüche geht unsere Spur jetzt nach oben. Immer wieder brechen Eistürme zusammen, poltern in die Tiefe. Sie sind weit von uns weg, können uns nicht treffen.
Geli ist müde, ich merke es. Aber es ist nicht nur die Müdigkeit; der schwere Rucksack, diese weiten Gletscher, die abstürzenden Eisbrüche zermürben sie.

Langsam mache ich mir die schwersten Vorwürfe, daß ich meine Schwester ohne viel zu überlegen einfach mit hier herauf genommen habe. Für mich ist das hier heroben eine Welt, in der ich mich vielleicht sicherer als unten auf den Straßen im Tal bewege. Für meine Schwester jedoch muß das hier alles sicher sehr beängstigend sein.

Wir steigen und steigen, der Gletscher nimmt kein Ende. Im Gegenteil, er wird zusätzlich auch noch wilder und gefährlicher. Während wir über steile, schmale Schneebrücken gehen, blicken wir in die gefährlichsten Gletscherspalten.

Je länger wir marschieren, desto mehr wächst meine Bewunderung für meine kleine Geli. Sie beschwert sich zwar manchmal, aber sie geht trotzdem tapfer weiter.

Der Himmel ist jetzt ganz milchig, und die Luft wird dünner. Man merkt es beim Atmen.

»Ist es noch weit, Hilde?«, höre ich Geli.

Da sehe ich plötzlich wie einen Adlerhorst die kleine Grande Mulets-Hütte, mitten in den Felsen.

Von früheren Erzählungen weiß ich, wie gefährlich und spaltenreich der Weg zu dieser Unterkunft sein muß. Jetzt kann ich die Leute gut verstehen.

Ich schaue zu Geli. Sie geht so unverdrossen und hat so viel Vertrauen zu mir, ich würde sie sicher auf die Hütte bringen.

Neben einem riesigen Eisbruch geht unsere Spur jetzt steil hinauf in Richtung Hütte.

Wieder sind die Felle von Geli kaputt. Entschlossen binde ich sie nun endgültig mit Rebschnüren an ihrem Ski fest, an der Bindung. Jetzt halten sie!

Geli hat noch nie eine Spitzkehre gemacht. Jetzt, auf über dreitausend Meter Höhe am Montblanc, bringe ich ihr diese Technik bei, die so wichtig ist bei steilen Anstiegen mit Skiern. Schnell hat sie es gelernt.
Die Zeit vergeht, und wir sind immer noch im Hang. Ich habe das Gefühl, meine Schwester hat sich langsam daran gewöhnt, daß Eisbrüche durch die Wände donnern. Sie sagt schon längere Zeit kein Wort mehr.
Kräftig und geschickt steigt sie höher. Ich bewundere sie, es ist wirklich nicht einfach, an diesem hartgefrorenen Steilhang mit einem schweren Rucksack aufzusteigen.
Endlich sind wir am Skidepot.
Die anderen Bergsteiger haben ihre Skier einfach in den Schnee gesteckt. Einsam stehen sie in dem hereinbrechenden Abend im Schnee. Wir stellen unsere dazu.
Bis zur Hütte muß man klettern. Geli sagt mir so nebenbei, daß sie morgen auf keinen Fall bis zum Montblanc mitgehen würde. Ich verstehe sie sehr gut und akzeptiere es.
Nach etwa fünfzehn Minuten Kletterei haben wir die Hütte erreicht. Es sind nicht viele Skihochtouristen da. Wie Fabeltiere werden wir bestaunt. Wahrscheinlich passiert es nicht oft, daß zwei junge Frauen allein auf diese schwer zugängliche Hütte am Montblanc kommen.
Wir essen und trinken etwas, dann reicht es für diesen Tag. Sehr früh, etwa um sieben Uhr abends, wird einfach das Licht ausgeschaltet. Als wir protestieren, sagt man uns, wir sollten jetzt schlafen gehen. Alle gingen so

früh schlafen, weil alle um ein Uhr nachts wieder aufstehen würden.
Draußen ist es jetzt dunkel, die Gipfel verstecken sich hinter einem dunklen Band. Wir gehen auch schlafen. Es ist eine enge Schlafkammer, in der noch mindestens zwanzig andere Bergsteiger nächtigen.
Als erste bin ich wach. Es muß etwa zwölf Uhr sein, oder ist es schon ein Uhr? Wie ist das Wetter?
Ich stehe auf, gehe vor die Hüttentür. Es ist nichts zu sehen, es schneit, Nebel treiben gespenstisch über die Grate und Flanken, die man nur erahnen kann. Ich gehe zurück in die Hütte.
»Du wirst dich nicht von der Stelle rühren«, rede ich in ziemlicher Unruhe und Angst auf Geli ein. »Versprich mir, daß du dich nicht von der Stelle rührst, bis ich wieder da bin!«
»Nein, ich werde nicht weggehen«, verspricht sie brav. »Ich werde warten, bist zu wieder da bist.«
Während ich frühstücke, bin ich dennoch ziemlich unruhig. Noch nie habe ich eine derartig starke Verantwortung für einen anderen Menschen gespürt.
Mit den anderen Bergsteigern zusammen verlasse ich die Hütte. Wieder geht es über die Drahtseile zurück zu den Skiern.
Ich schnalle mir die Skier an und gehe in einer kleinen Schlange von anderen Alpinisten einen steilen Hang entlang. Es ist noch stockdunkel. Nur durch die Stirnlampe habe ich ein wenig Licht.
Seit einiger Zeit hat es aufgehört zu schneien. Sterne glänzen jetzt am Himmel.

Plötzlich geht es nicht mehr weiter. Wir stehen vor einem steilen Abhang, der Schnee ist total vereist. Ich höre Gefluche und das Geklapper von Steigeisen.

Da meine Skier für solche extremen Querungen nicht geeignet sind, muß ich mir von einem anderen Alpinisten über die steile Passage helfen lassen. Einsam und still gähnt der Abgrund unter meinen Skiern. Das kann nicht der richtige Weg sein, unmöglich!

Als das erste Licht über die steilen und unendlichen Flanken und Grate bricht, sind wir auf einem wilden Zacken. Wir haben uns alle verstiegen.

Ein Bergsteiger bringt ein Seilgeländer an. Wir schnallen alle die Skier ab und gehen gesichert am Seilgeländer zurück auf den flacheren Gletscher.

Der Wind ist kalt. Er sticht wie Eiskristall in meine Augen. Außerdem hat es wieder angefangen zu schneien. Nebel versperrt die Sicht. Plötzlich ist die kleine Gruppe im Nebel verschwunden. Ich bin allein. Meine Skier sind zu kurz. Ich rutsche bei jedem Schritt. Über unendliche Gletscher geht es weiter. Oft kann ich nur noch erahnen, wo der Weg, wo die Spur ist.

Es ist so unendlich still. Wenn nur der Nebel endlich aufreißen wollte. Es gibt keine Spur mehr, oder doch, da muß sie doch sein, nein, es ist keine Spur, der Wind hat sie längst verweht. Wenn es nur endlich aufhören würde zu schneien.

Plötzlich löst sich vor mir – für Minuten gibt der Himmel den Blick auf den höchsten Berg Europas frei – direkt am Gipfel des Montblanc eine riesige Lawine. Sie kommt direkt auf mich zu.

Ich höre mich entsetzt schreien, will weg, merke aber, daß ich nicht mehr wegrennen kann. Sie ist zu schnell. Tosend geht sie einige Meter neben mir in die Tiefe. Dann ist nichts mehr zu hören. Stille.
Der Himmel reißt wieder auf, und ich sehe jetzt wieder auf den Montblanc. Es ist bitterkalt, als ich den Hang hinaufgehe.
Nachdem ich den Grat erreicht habe, entschließe ich mich, mit der ersten Gruppe wieder abzufahren. Da ich auf dem Gipfel schon einmal im Sommer war, außerdem zum Fotografieren heute kein Wetter ist, fällt mir der Verzicht nicht so schwer.
Der Hauptgrund dafür ist jedoch meine Schwester. Sicher, sie hatte mir versprochen, auf mich zu warten. Aber sagte sie nicht gestern in einem Anfall von Wut, sie würde mit der nächstbesten Gruppe über die gefährlichen Gletscher den Hüttenabstieg machen?
Mein schlechtes Gewissen macht mir zu schaffen: Ich habe eine Verpflichtung!
Die ersten Skifahrer kommen. Wie sich herausstellt, Bergführer aus Chamonix. Als ich sie frage, ob ich mit ihnen zur Hütte abfahren dürfe, willigen sie spontan ein. Sie fahren vor, ich hinterher.
Wolken treiben über die Schneeflanken, verzaubern sie in gespenstische Burgen. Der Schnee ist hart und gut.
Die lange Abfahrt geht ganz schön in die Füße, doch ich fahre und fahre, ich möchte genauso schnell sein wie die Männer.
Einmal machen wir eine kurze Pause und verteilen unsere Habseligkeiten aus den Rucksäcken.

Beim Training im Klettergarten von Bad Tölz.

Reinhilde Natterer und Reinhold Messner verbindet eine mehr als 10jährige Freundschaft.

Yaks mit Traglasten auf dem Weg zum Basislager.

Auf dem Weg zur Annapurna.

Auf dem Weg zum Everest.

Küchenzelt der Sherpas im Everest-Basislager.

Der Berg ist gigantisch, der Schnee und die Sonne breiten sich in meinem Herzen aus, und dann ist mir, als wäre ich selbst nur noch Berg und Schnee und Fels. Wieder fahre ich hinter den Bergführern her. Als die Hütte endlich auftaucht, erwache ich aus meinem Traum.
Geli!
Auf den ersten Blick sehe ich sie nicht. Aber dann erkenne ich sie als winzigen Punkt hinter der Hütte, auf den schwarzen Felsen. Ich erkenne sie an der Farbe ihres T-Shirts.
Ich rufe, schreie ihren Namen. Geli, Geli! Sie hört mich, winkt.
Sie ist dageblieben, ein Stein fällt mir vom Herzen.
Der letzte Hang bis zur Hütte ist wegen des weichen Schnees schlecht zu fahren. Ich mache weite Schwünge. Schließlich erreiche ich wieder das Skidepot, wo ich zusammen mit den Führern meine Skier in den Schnee stelle.
Langsam gehe ich die Drahtseile entlang zu meiner Schwester. Das ist der schönste Augenblick dieser Tour.
»Hast du dir auch keinen Sonnenbrand geholt«, sage ich, nur um etwas zu sagen. Die Locken spielen um ihr liebes Gesichtchen.
»Was hast du die Zeit über gemacht?«
Sie hatte immer nur auf die Gletscherbrüche unter der Hütte geschaut und auf den Montblanc, wo ich verschwunden war.
Langsam gehen wir zurück in die Hütte, essen etwas. Als ich den Bergführern jetzt meine Schwester vorstelle

und frage, ob wir mit ihnen zusammen zurück ins Tal könnten, ob sie uns mitnehmen würden, lachen sie. Natürlich würden sie uns mitnehmen.
Ich bin unendlich erleichtert. Für Geli ist das eine zusätzliche Sicherheit. Ich kann sie nur zu gut verstehen.
Wir machen uns auf den Weg. Die Führer warten bereits im Depot.
Geli sucht ihre Felle. Kann sie aber nicht finden. Später sollte sich herausstellen, daß sie jemand geklaut hatte.
»Beeile dich, Angelika.«
»Die Felle sind weg.«
»Vergiß es, komm.«
Ich fahre vor, langsam, vorsichtig, mache einen weiten Bogen. Geli fährt nach, fällt hin. Vorsichtshalber habe ich ihren Rucksack einem von den Bergführern für die erste steile Abfahrt am ersten Hang untergejubelt. Die nächste Kurve. Geli fällt.
Es ist aussichtslos, Geli hat einfach Angst.
Einer von den Männern zieht ein kurzes Seil heraus, Geli wird angebunden.
Jetzt geht es, Geli bleibt auf den Skiern stehen.
Die Männer stehen unten am Hang und klatschen, als Geli nicht mehr hinfällt. Sie fährt immer besser, es scheint ihr richtig Spaß zu machen.
Wir kommen jetzt durch die gefährlichen Spaltenzonen. Geli fährt auch hier sehr sicher, wächst förmlich über sich hinaus. Als wir zu der langen Querung kommen, wo es so schauerlich nach unten pfiff, hat sie uns alle überholt.
Wir schwitzen unter unseren schweren Rucksäcken,

während Geli ohne ihren Rucksack leicht und mit munterem Grinsen über die Steilquerung fährt. Ich platze fast vor Stolz über meine Schwester.
Als wir die Bahn erreichen, sind wir alle ziemlich müde. Gelis Augen liegen in tiefen Höhlen, aber ein heimliches Funkeln in ihren Pupillen zeigt mir, daß es ihr irgendwie trotzdem Spaß gemacht hat. Als wir wieder in Chamonix sind, will sie gleich rüber ins Wallis und mit Skiern auf die Dufour-Spitze gehen ...

»Ich muß unbedingt hin« – Fahrt in den Himalaja

»Ich muß es einfach tun«, sage ich, und ich weiß, daß er das natürlich nicht versteht.
»Wie rechnen Sie sich die Erfolgsaussichten aus?« fragt der Reporter in der Abflughalle des Riemer Flughafens.
»Ich kann nichts sagen«, entgegne ich.
Ich kann es wirklich nicht. Ich war nie zuvor im Himalaja. Wie im Traum sage ich: »Ich weiß nur, daß ich unbedingt hin will, hin muß. Ich möchte von der nepalesischen Seite mit einigen einheimischen Trägern und einem Führer über einen hohen Paß nach China und von dort zum Basislager des Mount Everest und dann versuchen, soweit als möglich den Berg der Berge zu erklimmen.«
»Sie haben doch keine Erfahrung mit der Höhe! Es gab schon gute Bergsteiger, die auf dem Anmarsch so krank wurden, daß man sie mit dem Hubschrauber holen mußte. Überschätzen Sie sich nicht?«
»Ich bin mir dessen bewußt, doch ich kann mich dadurch nicht davon abhalten lassen, dorthin zu gehen. Ich muß einfach wissen, wie es dort oben ist, was mich da erwartet, was alles passiert. Wenn ich immer nur da-

heim bin, kann ich diese Erfahrung nie machen, werde immer auf derselben Stelle stehenbleiben. Nur wenn ich tatsächlich hinfahre, bewege ich mich weiter, mache ich diese Erfahrung. Ich muß mich auseinandersetzen mit Sturm und Kälte, mit Hitze und Anstrengung, mit Krankheit und Heimweh. Ich muß wissen, wie weit ich komme, wo meine Grenze liegt. Ich glaube, daß ich meine Zeit gut nutze, wenn ich hinfahre!«
»Glauben Sie, daß Sie da oben einem Schneemenschen oder Geistern begegnen?«
»Es gab Expeditionen, die tatsächlich Menschen begegnet sind, die vor Jahren abgestürzt sind und jetzt da oben rumgeistern. Und ich finde das eine interessante Erfahrung für mich, ich glaube auch nicht, daß mir solche Geister was tun würden. Außerdem wäre das meine erste direkte Begegnung mit einem leibhaftigen Geist, und das wäre bestimmt sehr spannend.«
Man wünscht mir alles Gute.

Als ich auf das Rollfeld komme, ist es schon dunkel. Sterne stehen am Himmel, und es ist kalt. Kurz darauf hebt die Maschine ab, und ich sehe das Lichtermeer München, wenig später bin ich schon über den Wolken.
Die Maschine ist ziemlich voll, es gibt keine Gelegenheit, sich auf einer der Sitzreihen auszustrecken und gemütlich zu schlafen. So sitze ich angeschnallt auf meinem Platz und döse vor mich hin.
Nach einiger Zeit wache ich wieder auf. Ich kann nicht mehr weiterschlafen: Meine Beine fangen an zu schmer-

zen. Ich schlendere im Flugzeug herum, gehe zur Toilette, gehe noch einmal ganz nach vorne.
Vielleicht meint jetzt einer, ich wolle die Maschine entführen. Abenteuerlich genug sehe ich ja aus in meinen Himalaja-Klamotten.
Dann gehe ich wieder zurück zu meinem Platz. Neben mir sitzt ein Ehepaar. Der Mann sitzt in der Mitte, also neben mir. Er ist eingeschlummert und macht sich im Schlaf immer breiter, schließlich hat er sich so ausgebreitet, daß ich fast keinen Platz mehr habe. Ich bin sauer, könnte platzen vor Wut.
Im Flugzeug ist es still. Jeder schläft auf seinem engen Sitz oder versucht's wenigstens. Schlafsessel sind das nicht gerade auf diesem Billigflug. Aber ich hätte auch einen Stehplatz genommen. Hauptsache, ich komme nach Katmandu!
An einem Platz in meiner Nähe ist die Birne der Leselampe kaputt, sie flackert unruhig. Ich schaue wie hypnotisiert auf die kaputte Lampe, während ich ganz eng zusammengepreßt auf meinem Platz sitze und den dikken, sich immer mehr ausbreitenden Mann neben mir spüre.
Ich werde immer wütender, meine Nerven sind wahnsinnig angespannt. Da kommen plötzlich noch Turbulenzen, das Flugzeug schwankt wie ein betrunkenes Boot. Ich halte es nicht mehr aus, wütend puffe ich meinen Sitznachbarn an, der wie von der Tarantel gestochen in die Höhe fährt und mich ganz beleidigt ansieht.
Als ich sage: »Sie haben sich so ausgebreitet, daß ich, verdammt noch mal, keinen Platz mehr hatte«, zieht er

seine Arme an sich, schaut mich ganz vorwurfsvoll an und schläft knurrend und grollend weiter.
Nach Stunden hat das Flugzeug Zwischenlandung, ein kurzer Aufenthalt irgendwo in Arabien. Ich verlasse die Maschine und stelle fest, daß ich im Orient bin. Auf den Bänken im Transitraum liegen tiefverschleierte Frauen. Es gibt Fruchtsäfte und belegte Brote, das Frühstück.
Viele Passagiere steigen hier aus, es gibt endlich genug Platz. Eine Stewardeß, die meine langen Beine richtig einzuschätzen weiß, gibt mir einen Wink und führt mich zu einer leeren Sitzreihe. Ich kann mich ausstrecken und in Ruhe schlafen.
Wir steigen wieder in die Wolken. Es geht jetzt weiter nach Nepal. Hoffentlich wirklich nach Nepal, denke ich noch. Man kann ja nie wissen. Ich decke mich mit meiner Daunenjacke zu und schlafe erschöpft ein.
Ich träume unzusammenhängende Dinge. Langsam löse ich mich von Europa und bereite mich seelisch auf den Orient, auf Asien vor.
Dinge, die mir vor Wochen noch wichtig erschienen, existieren gar nicht mehr. Meine kleine Wohnung in Ramersdorf kann ich mir nicht mehr vorstellen, nur noch auf dem Boden eine Tasche voll Sachen, auf die ich aufpassen muß, daß sie mir niemand klaut, und im Gepäckraum meine Ausrüstung.
Ich bin zu einer Abenteurerin geworden, die nicht weiß, was morgen und was übermorgen sein wird.
Nach Stunden wache ich wieder auf. Ich wische mir über die Augen. Ein eigenartiger Geruch hängt schwer

zwischen den Sitzreihen. Der Geruch von schlafenden Menschen.
Ich hole einen Spiegel aus dem Gepäck und betrachte kritisch mein Gesicht. Ich sehe unordentlich aus, das Make-up, das ich für die Journalisten am Flughafen gemacht hatte, hat schwer gelitten. Ich habe das Bedürfnis, meine Zähne zu putzen, mich abzuschminken, mich zu kämmen.
In der engen Toilette flechte ich mir meine Haare, wasche mir das Gesicht, putze die Zähne. Gleich fühle ich mich viel besser.
Langsam wird mir bewußt, daß ich zum erstenmal seit langer Zeit wieder der Ungewißheit völlig ausgeliefert bin. Wenn ich in Europa irgendwohin zum Bergsteigen gefahren bin, habe ich mir in etwa ausrechnen können, was auf mich zukommt, habe das Risiko abschätzen können. Doch nun bin ich im wahrsten Sinne des Wortes völlig in der Luft, weiß nichts, überhaupt nichts, ich war nie zuvor auf einer Expedition, geschweige denn im Himalaja.
Nach vielen Stunden landen wir in Katmandu. Es ist Nachmittag.
Als ich das Flugzeug verlasse, kommt mir ein Schwall heißer Luft entgegen. An einer Wand klebt ein Plakat: »Welcome in Nepal«.
Ich warte auf mein Gepäck.
Dann stehe ich mit den vielen Taschen und einem großen Rucksack mitten auf der Straße und weiß nicht, wohin ich mich zuerst wenden soll. Es herrscht dichtes Gedränge.

In ein Auto werden Rucksäcke eingeladen, und ich erfahre, daß eine Expedition von ein paar Einheimischen abgeholt wird. Vielleicht könnte ich da mitfahren? Soll ich einfach fragen?
Gleich werden sie alles verpackt haben, gleich werden sie weg sein, und ich stehe dann immer noch ganz allein hier, kenne niemanden und weiß nicht wohin.
In diesem Augenblick kommt ein Einheimischer angelaufen und setzt sich in das wartende Auto. Lachend blickt er zu mir herüber.
Jetzt oder nie! Sonst werden sie weg sein. Ich gehe einfach hin und frage: »Nehmt ihr mich mit?«
Der einheimische Fahrer grinst. »Los, steig ein!« sagt er auf englisch, und ab geht es in die City von Katmandu. An einem großen weitläufigen Gebäude halten wir. Vögel zwitschern, die Luft ist geschwängert vom Duft der Blumen.
In der Eingangshalle des Hotels ist es kühl. Ich bekomme ein Zimmer mit Bad. Der Raum ist groß, der Teppich schäbig, an manchen Stellen bröckelt der Verputz von der Wand, aber es hat trotz allem einen eigenartigen Charme.
Abends gehe ich in das Thamel, ein Stadtviertel von Katmandu. Hier sieht es aus wie bei Tausendundeiner Nacht. Enge Gassen, Kinder spielen, Händler sitzen vor ihren Geschäften und verkaufen ihre Ware. Kühe stehen herum, keiner tut ihnen was, denn sie sind hier heilig. Überall Lachen und Geschrei. Die vielfältigsten Gerüche liegen in der Luft. Manchmal sieht man einen zerlumpten Bettler.

An den Tempeln weiter im Zentrum sind Verkaufsstände mit altem Schmuck, in den Tempeln sind Statuen mit Buddhas und anderen Göttern. Die Eingänge werden von Frauen in bunten Saris bewacht. Die Räume sind vergoldet, und neben den Buddhas stehen Kerzen. Die Einheimischen bringen Opfergaben, Blumen und Reis und kleine Fleischstückchen.

Die Statuen scheinen lebendig, wenn man sie einige Zeit ansieht. Mir ist, als würden sie sich bewegen. Eine seltsame Kraft geht von ihnen aus. Es ist eine Kraft und eine geistige Strömung, die über der ganzen Stadt liegt.

Dieses unbewußt Geheimnisvolle schlägt mich in einen Bann, es ist mir, als schwebte ich, als wäre ich in einem Rausch.

Um die Tempel herum sitzen Hippies, die von einer besseren Welt träumen. Viele sind schon Jahre hier, sie haben trotzdem keine Erfüllung gefunden, da sie jedes Ziel verloren haben.

Man muß stark sein, um dieses Land zu begreifen, es zu erfassen. Dem, der in die Geheimnisse dieses Landes eindringen will, bleiben sie verschlossen. Man kann sie nicht begreifen, man kann sie nur bewundern.

Bunte Rikschas hupen. Als es dunkel wird, fahre ich mit einer zurück ins Hotel. Ich genieße die Fahrt durch die Straßen, die mir im Schein der Petroleumlampen besonders malerisch erscheinen.

An unser Hotel ist ein kleines Theater mit angeschlossen. Über einen der zahlreichen Nebengänge komme ich plötzlich und unerwartet in einen Theatersaal, wo an diesem Abend ein Stück aufgeführt wird. Den Bühnenhintergrund beherrscht die Kulisse des Himalaja. Ein Mann mit grauen Kleidern hält sich beide Hände vor den Bauch. Offensichtlich hat er Schmerzen, denn er jammert und heult. Ein anderer, mit schönen Kleidern, der Reiche, erscheint. Der Arme bittet den Reichen um Hilfe. Die Berge im Hintergrund sind hoch, rauh und unbarmherzig. Während der arme Mann jammert, wird es plötzlich dunkel auf der Bühne, im Hintergrund sieht man den wild umtosten Himalaja. Da erscheint aus dem Nichts, so scheint es, ein mystisches Wesen mit rasselnden Ketten. Es beschwört den Jammernden, hilft ihm, und der Mann freut sich und lacht. Das Ganze symbolisiert etwa das Leben der Menschen in den Bergen, den Kampf um das tägliche Leben, nicht zuletzt die Armut, aber auch den Gleichmut und die Liebenswürdigkeit des Volkes.

Am nächsten Morgen werde ich geweckt vom Gezwitscher zahlreicher Vögel. Ich schaue in den Garten. Alles scheint voll zu sein mit mir fremden Vögeln. Über dem Ganzen liegt ein tiefer Frieden wie ich ihn schon lange nicht mehr gefühlt habe.

Mister Rai ist der Verbindungsmann der Männerexpedition, die mich hierher gebracht hat. Er hat versprochen, mir behilflich zu sein bei einer Genehmigung für den Everest. Etliche Tage später stellt sich jedoch heraus, daß er keine für mich bekommt.

So entschließe ich mich, erst mal einen Treck in die Nähe des Annapurna zu unternehmen. Schon am nächsten Tag gehe ich los.

Rai hat mir einen einheimischen Begleiter besorgt, er heißt Dammubar. Ich kürze seinen Namen ab und nenne ihn Damm.

Wir gehen zur Bushaltestelle und erkundigen uns nach dem Bus nach Pokara. Ziemlich schmutzig und heiß ist es hier.

Dann steigen wir in den Bus und haben Glück. Es sind noch nicht viele Leute zugestiegen, wir bekommen einen guten Platz. Nach und nach füllt sich der Bus, am Schluß ist der altersschwache Wagen so voll, daß man das Gefühl hat, er bricht auseinander.

Es ist drückend heiß, als wir Katmandu verlassen. Die Straßen sind gut. Weite Reisfelder tun sich auf. Dann wird die Gegend öde, und es wird noch heißer.

Irgendwann hält der Bus. Wir steigen aus, kaufen was zu trinken, heißen Tee mit Milch. Auf der Weiterfahrt ist es in dem überfüllten Gefährt so schwül, daß mir der Schweiß in Strömen von der Stirn läuft. Dennoch döse ich ein.

Von einem dumpfen Knall werde ich wach. Wir stehen mitten auf einem der vielen Pässe. Der Motor ist kaputt.

Etwa eine Stunde wird repariert. Den Leuten scheint das nichts auszumachen, sie lachen, klappern, singen, stillen ihre Babys in aller Öffentlichkeit, ein auch heute immer noch ungewohnter Anblick für eine Europäerin.

Endlich geht es weiter. Mir ist, als zerfließe ich vor lauter Hitze und Schwüle. Ich bin ganz erschlagen. Ein paarmal macht der Bus einen Satz, bleibt stehen, fährt weiter.

An einer Kreuzung hält er wieder an. Es ist schon später Nachmittag. Damm rafft meine Taschen zusammen, und wir steigen aus. Ich bin bis in die letzten Knochen durchgeschüttelt, in Schweiß gebadet, fühle mich halb tot.
Mit einem kleineren Bus, der da wartet, geht es immer weiter weg von der letzten Zivilisation, immer weiter in den Himalaja. Wir sitzen auf unserem Gepäck und werden wieder durchgerüttelt.
Am Horizont steht eine rote Sonne. Bald wird sie hinter den Bergen verschwunden sein. Hier im Himalaja geht das schlagartig, um etwa sieben Uhr wird es mit einem Schlag stockdunkel.
Irgendwann hält der Bus an. Wir sind in einem kleinen Dorf. Zwei der einfachen Häuser sind als Hotels gekennzeichnet. Wir entscheiden uns für das nächstliegende. Hinter dem Haus geht es über eine knarrende, enge, steile Treppe in den ersten Stock. Hier gibt es, durch Wände voneinander getrennt, drei Zimmer mit Holzpritschen. Besser als die Bank im Bus.
Wir lassen unser Gepäck da und gehen runter. Ein Raum mit einem Tisch und mehreren Stühlen, im Hintergrund zwei zusammengestellte Pritschen, das Lager der Bewohner. Hinter den Pritschen ist, durch eine Wand getrennt, die »Küche«. Eine offene Feuerstelle und einige niedrige Hocker am Boden sind die einzige Einrichtung.
Wir bekommen Reis und etwas Gemüse zu essen, das einzige, was hier auf dem Speisezettel steht.
Nachts kommt ein Gewitter, schnell und ohne große

Vorankündigung. Blitze zucken, Donner grollen, es regnet in unser Zimmer hinein. Das Gewitter ist so heftig, wie ich es schon lange nicht mehr erlebt habe. Der Regen trommelt auf das dünne Wellblechdach, und ich bin froh, daß wir nicht im Freien sind in dieser Nacht.
Am nächsten Morgen fahren wir zurück zu der Wegkreuzung von gestern, wo wir umsteigen in einen Bus nach Pokara. Dort gehen wir in ein einfaches Hotel, und ich wasche mir den Staub und Dreck von zwei Tagen ab. Wir kaufen Lebensmittel ein. Am nächsten Morgen geht Damm sehr früh aus dem Haus und kommt mit einem Träger zurück, Bajo. Jetzt sind wir komplett.
Wir verlassen Pokara. Mit einem Land-Rover fahren wir die erste Etappe bis Naudanda. Ich habe nie gewußt, daß so viele Menschen in ein einziges Auto passen, wir sind so ungefähr zwanzig Leute.
Es geht durch Bäche und Flüsse, und das Wasser spritzt an beiden Seiten herauf. An einer Hütte hält das Fahrzeug, und wir steigen aus. Ab jetzt muß man laufen, unser Abenteuer beginnt.
Damm zeigt mir den Annapurna, eine helle Wolke versperrt mir die Sicht zum Gipfel. Dann brechen wir auf. Bajo trägt das Gepäck. Er ist zweifellos der Stärkste von unserem kleinen Treck. Wir kommen in einen dichten Wald, und es sieht aus wie im Urwald. Der Weg ist steil. Esel kommen vorbei, sie scheinen mir ganz lustig und übermütig. Sind in diesem Land sogar die Tiere anders? Als uns eine andere Gruppe entgegenkommt, bleiben wir stehen, und Damm unterhält sich mit einem Mann.

Plötzlich löst sich ein höchstens acht Jahre alter Junge aus der Gruppe und rennt auf mich zu. In schlechtem, gebrochenem Englisch sagt er: »Fünf Rupien, bitte ...« Er möchte für fünf Rupien am Tag sich uns anschließen und dafür einen Teil des Gepäcks tragen. Ich schüttle den Kopf, ich kann mich nicht damit abfinden, daß Kinder in Nepal arbeiten müssen, und zwar ziemlich hart. Es geht weiter, immer bergauf. Als es Abend wird, machen wir in einem kleinen Dorf halt. Es ist warm, und von den Bergen weit in der Ferne kommt Wind. Es ist mir so, als wäre hier die Welt entstanden. Die Erde atmet und hat eine so starke Ausstrahlung, daß es mich bis in die Seele trifft.
In den Blättern des großen Baumes am Dorfplatz spielt der Wind und trägt mir den Duft von vielen Blüten zu. Dann wird es dunkel, mit einemmal, ganz ohne Übergang.
In den Hütten wird gekocht, der Schein des Feuers durchdringt die Nacht, die Menschen vor ihren Hütten unterhalten sich.
Wir essen Reis und Dal, nepalesisches Gemüse. Dann legen wir uns schlafen.

Bambus wiegt sich im Morgenwind, vor dem Fenster singen fremde Vögel. Ich stehe auf und hole einen Kübel mit kaltem Wasser. Damit verziehe ich mich in einen leeren Raum und schütte mir Wasser über den Körper, seife mich anschließend ein und spüle den Schaum mit dem restlichen Wasser wieder ab. Morgendusche.

Erfrischt gehe ich zurück zu der Feuerstelle und kämme meine Haare. Ein alter Nepalese beobachtet mich. Er hat ein windgegerbtes Gesicht und eine ruhige Ausstrahlung, er erinnert mich an meinen Vater. Dann erzählt er von seinen Erfahrungen, die er mit Bergsteigern, die hier durchgezogen sind, gemacht hat. »Some people good, some people not good«, stellt er weise fest.
Wir ziehen weiter. Unendlich, so scheint es, ist der Himalaja, ein Tal nach dem anderen.
Es ist heiß geworden. Ich gehe jetzt barfuß. An einem Fluß setzen wir uns ins Wasser und baden.
Wir steigen immer höher. Plötzlich stehen wir in einem Wald voll mit blühenden Bäumen mit roten Blüten. Der Weg ist übersät mit Blumen, der Boden ist gelb. Im Wald tummeln sich Affen auf einem Baum, Vögel zwitschern, lange Waldreben, überzogen mit Moospolstern, hängen über den riesigen Bäumen. Wir sind im Dschungel.
Wir erreichen einen hochgelegenen Ort und entschließen uns, hier zu übernachten. Die ganze Nacht bläst der Wind.
Ich schlafe in dieser Nacht schlecht und mache Damm den Vorschlag, wieder weiterzuziehen. Er lehnt geradezu entsetzt ab. Niemals, erklärt er mir, würde er nachts von einer sicheren Hütte loslaufen, er hätte Angst vor Tigern und Räubern.
Damm ist am nächsten Morgen krank und will nicht weitergehen. Krank? Ich glaube, er hat Angst.
Bajo und ich ziehen alleine weiter. Nach etlichen Stun-

den sind wir aus dem Dschungel und erreichen weite Pässe. Die Gegend wird immer wilder und einsamer. Wir gehen auf einem schmalen Pfad über eine steil abfallende Halde.
Als wir eine einsame Hütte erreichen und Tee trinken, hat uns Damm erreicht. Wir sind wieder komplett.
Mit dem letzten Licht erreichen wir Ghasa. Von hier soll es am nächsten Tag nach Lete gehen und von dort in drei Tagen zum Basislager des Annapurna.
Wir sind auf eine italienische Expedition gestoßen, die uns nicht sehr freundlich begrüßt. Ich für meinen Teil fühle allerdings einen gewissen Schutz, ich habe so lange keine europäischen Gesichter mehr gesehen. In dieser Nacht schlafe ich ruhig.
Am nächsten Morgen brechen alle gemeinsam auf. In Lete sehe ich die italienischen Bergsteiger zum letztenmal, und als wir etliche Stunden später an eine Hütte kommen, fängt es an zu schneien.
Bajo möchte nicht weitergehen. Er hockt sich an eine Feuerstelle und friert ganz erbärmlich. Damm weigert sich solidarisch ebenfalls. Ich schaue auf das Wetter und biete Bajo meine Daunenjacke, Handschuhe und lange Hosen an. Er ist glücklich, und es geht weiter.
Wir durchqueren einen Fluß, ziehen die Schuhe aus und laufen durch das kalte, reißende Wasser. Die Stimmung ist gut, und wir freuen uns wie Kinder.
Die anschließende Nacht ist kälter als die vorhergehende. Die Berge stehen einsam und klar vor unseren Augen, sie sind jetzt schon ganz nahe.
Am nächsten Tag gehen wir zurück, ich will ja schließ-

lich zum Everest. Wir gehen am Dhaulagiri vorbei, und es ist, als rieche man die Einsamkeit oben in den Gipfelhängen.
Wir gehen zusammen das lange Flußtal zurück und erreichen wieder Ghasa. Am nächsten Tag steigen wir ab nach Tatopani. Als es zu regnen beginnt, machen wir eine Pause.
Ich möchte mich waschen, weil ich seit Tagen kein Wasser gesehen habe. Damm bringt mich zu meiner Überraschung an eine heiße Quelle. Hier ist eine Mulde in der braunen Erde, und sie ist voll mit Wasser, es sieht aus wie ein natürlicher Swimmingpool, und das mitten in den Bergen und mitten in den Wäldern.
Der Morgen bricht an, und wir sind wie immer sehr früh auf den Beinen. Während Bajo und Damm noch frühstücken, gehe ich schon mal voran, weil meine einheimischen Begleiter doch meistens schneller sind als ich. Ich laufe und freue mich, alleine zu sein.
Ich gehe und gehe, und plötzlich ist mir, als wäre ich auf dem falschen Weg. Instinktiv merke ich, daß ich mich verlaufen habe. Ich komme in den Dschungel, und es wird ganz ruhig. Vögel zwitschern, ich denke an Tiger, an Räuber. Da sehe ich einen Baum von atemberaubender Schönheit, doch ich traue mich nicht, länger zu verweilen.
Plötzlich fallen mir all die Räubergeschichten ein, die Damm mir immer wieder erzählt hat. Zwei Menschen sind überfallen, im letzten Moment noch gerettet worden.
Ich komme an eine Schlucht. Weit unten tost das Was-

ser. Plötzlich stehen, wie aus dem Boden gewachsen, fünf Nepalesen vor mir. Sie schauen mich an, schauen auf meine Kamera. Mir ist ganz mulmig zumute. Sie kommen immer näher. Das Wasser in der Schlucht braust, und der Weg ist ganz schmal. Ich grüße mit »Namasde« und gehe entschlossen durch die Gruppe durch.
Noch bevor sie recht wissen, wie ihnen geschieht, bin ich an ihnen vorbei.
Immer wieder sage ich mir vor, daß es lächerlich ist, hier Angst zu haben, da begegne ich zwei Einheimischen, sie grüßen nicht, gehen nur stumm an mir vorbei.
Ich gehe weiter, immer am Fluß entlang. Wieder kommt ein Nepalese, ich frage nach dem Weg, da kommt Damm angerannt. Er sagt, wir müßten einen ganzen Tag zurückgehen, um wieder auf den alten Weg zu kommen. Ich werde sauer, meine Nerven sind zum Zerreißen gespannt. Ich sage ihm, daß ich keine Lust mehr hätte, bei der mörderischen Hitze wieder den steilen Bergpfad zurückzugehen. Ich bin wütend und sage, er solle Bajo holen und nachkommen, ich würde an den nächsten Hütten auf ihn warten.
Er wird stur und sagt: »Und was machst du, wenn ich nicht komme?« Ich werde noch wütender. »Dann gehe ich eben allein!« Ich gehe einfach weiter und lasse ihn stehen. Insgeheim hoffe ich, daß er doch noch am Abend kommt.
Es bleibt merkwürdig einsam und still. Als ich in einer Hütte Reis und Dal esse, lungert wieder ein Nepalese herum. Ich werde nervös und breche auf.

Am Abend erreiche ich eine einfache Lodge und bin nun wirklich allein. Ich wünsche mir von Herzen, daß meine einheimischen Begleiter kommen würden. Doch es bleibt still, und niemand kommt.

Der nächste Tag ist anstrengend, und ich verstehe, warum die beiden Männer diesen Weg nicht machen wollten. Es geht an einem Fluß entlang, und es ist heiß wie in der Wüste. Ich habe nur Sandalen an und verbrenne mir die Füße. Es wird immer schlimmer, und die Füße fangen an sich zu entzünden. Ich kann kaum mehr gehen.

Endlos geht es auf und ab, den einen Paß herauf und dann wieder hinunter – und wieder hinauf, auf den nächsten Paß. Als ich an eine Anhöhe komme, sehe ich ein Dorf im hereinbrechenden Nachmittagslicht liegen. Es ist so still und schön und einsam, daß ich einen Moment stehenbleibe und mir über die Augen wische, um sicher zu sein, nicht zu träumen.

Doch diese Nacht ist die Hölle. Moskitos plagen mich rund um die Uhr, und die Füße brechen auf. Ich träume entsetzliche Dinge, wache schweißgebadet auf.

Am nächsten Tag ist mir so, als könnte ich keinen Meter mehr gehen. Die Füße schwellen auf, und mir ist ganz schlecht vor Schmerzen. Doch ich gehe weiter, zurück ins Tal. Wieder geht es über zahlreiche steile Pfade, ewig rauf und runter, endlos lang und anstrengend. Ich spüre die Füße längst nicht mehr.

Abends erreiche ich einen kleinen Ort und weiß, daß ich bald am Ziel bin. Dann bin ich zum erstenmal wieder unter vielen Menschen. Auch ohne daß ich in den

Spiegel schaue, weiß ich, daß ich aussehe wie eine Vogelscheuche, abgemagert und ausgezehrt, von der Sonne verbrannt.

Nochmals geht es einen steilen Pfad hinauf, und dann erreiche ich ein noch größeres Dorf. Hier gibt es die ersten Straßen und auch Busse. Mit dem letzten Bus fahre ich ab nach Pokara.

Noch bin ich ganz benommen und kann gar nicht begreifen, wieder zurückzusein. In sausender Fahrt geht es über viele Serpentinen zurück nach Pokara. Ich sehe mich bei jeder Kurve schon in irgendeinen Abgrund stürzen, doch in letzter Sekunde bremst der Fahrer jeweils ab und bringt den Bus wieder in die richtige Position.

In Pokara ist es Nacht, als ich eintreffe. Ich suche das alte Hotel, das ich vor dem Treck bewohnt habe, und finde es nach einiger Zeit tatsächlich. Müde gehe ich durch die Türe und hoffe, jemanden zu treffen. Tatsächlich steht Damm da. Er läuft sofort auf mich zu, und wir erzählen uns, was wir erlebt haben.

Am nächsten Tag kommt Bajo mit dem restlichen Gepäck. Seine Augen sitzen in tiefen Höhlen und sind ganz gelb. Er sieht müde und abgekämpft aus. Ich würde so gern etwas sagen, doch mir fehlen einfach die Worte. So sitzen wir einfach nebeneinander und trinken Tee.

Dann verschwindet Bajo in der aufkommenden Mittagshitze, gleich einem lautlosen Schatten, verschwindet im Schutz der Straßen.

Damm und ich fahren am nächsten Tag nach Katmandu

zurück. Meine Füße schwellen immer mehr an. Nach Stunden kommen wir in der Stadt an, wo ich mein Hotel aufsuche. Hier verschwindet Damm, und ich fühle mich auf mich selbst zurückgeworfen. Zum erstenmal fühle ich mich wirklich allein. Niemand scheint mich vermißt zu haben. Doch als ich im Zimmer meinen trüben Gedanken nachhänge, klopft es an der Tür. Draußen steht ein Angestellter vom Hotel, der fragt, wie es mir geht. Schon fühle ich mich etwas besser.

In der Nacht fange ich an zu fiebern. Mit einer Nadel, die ich vorher an einer brennenden Kerze desinfiziert habe, steche ich die eitrigen Beulen unter den Zehen auf. Ich warte. Es heilt und heilt nicht. Außerdem, wenn ich etwas esse, wird mir schlecht. Tagelang sitze ich im Garten und sehe den weidenden Kühen zu. Das Hotelpersonal hat die Tiere in den Garten gelassen, damit sie das Gras auffressen.

Es vergehen Tage, über eine Woche. Langsam geht es wieder aufwärts mit mir. Dann entschließe ich mich aufzubrechen.

Alleine verlasse ich am nächsten Morgen in einer Rikscha mein Hotel. Mit einem Bus fahren wir durch fruchtbare Landschaften, weite Flußtäler. Ich habe beschlossen, auf die nepalesische Seite zu gehen, da mir die chinesische Seite zu aufwendig erscheint. Ich hoffe, oben im Basislager eine Expedition zu treffen und mich anschließen zu können.

Am Abend kommen wir nach Jiri, ein kleines Kaff. Von hier geht es in einem vierzehntägigen Marsch zum Ba-

sislager des Mount Everest. Als ich den Bus verlasse, ist es so stockfinster, daß ich nicht einmal die Hand vor meinen Augen sehen kann. Jemand hilft mir mit dem Gepäck und bringt mich in eine einfache Lodge, eine Bruchbude mit einigen Lagern. Als ich die Strümpfe ausziehe, merke ich, daß meine Füße wieder aufgebrochen sind.
Am nächsten Morgen sagen mir die Sherpas, daß ich mit diesen Füßen auf keinen Fall laufen kann. Mit den Füßen würde es hier unten in dieser Schwüle niemals besser werden, nur oben, wo es kalt wird, würden sie sofort heilen.
Wenn ich jetzt hier warte, könnte es Wochen dauern, bis ich ganz gesund bin. Ich hoffe darauf, daß oben alles heilt. Ich verpflastere meine Füße und stecke sie in weite chinesische Turnschuhe, richtige Sherpaschuhe. So bleibe ich einigermaßen schmerzfrei. Doch die Sherpas warnen mich. Sie sagen, wenn ich hier unten eine Infektion hätte, würde sie weiter oben in einem anderen Körperteil ausbrechen. Sie sollten leider recht behalten.
Ich suche mir einen Träger. Da meldet sich ein finster dreinschauender, ganz in Lumpen gehüllter älterer Nepalese. Um den Bauch trägt er ein langes Messer. Ich zweifle keinen Moment daran, daß mich dieser Mann sicher ins Basislager bringen könnte, aber er ist mir nicht geheuer, und ich möchte über so viele Tage nicht mit ihm allein sein.
Da meldet sich ein zweiter Mann, Maila. Er ist unbewaffnet und sehr freundlich. Wir entschließen uns, am nächsten Tag aufzubrechen.

Es ist noch dunkel, als wir das kleine Dorf verlassen. Die Straße ist sandig, und nach den Häusern geht es gleich steil bergauf.

Maila, mein Begleiter, trägt den Großteil der Ausrüstung. Er geht voran. Nach ein paar Stunden machen wir an einer winzigen Hütte Rast und trinken Tee. Die Einrichtung in diesen Häusern ist immer gleich. In der Mitte des Raumes eine Feuerstelle, einige niedrige Hokker zum Sitzen, in der Ecke die Lager zum Schlafen.

Wir kommen in ein weites Tal mit einem reißenden Fluß. An den Ufern lagern Karawanen, die Leute tragen auf dem Rücken Stoffe und Lebensmittel in weit entfernte Hochtäler. Überall steigt Rauch in den Himmel, auf kargen Steinen wird eine Mahlzeit bereitet, immer Reis.

Nachmittags beginnt es zu regnen. Wir haben noch etwa eine Stunde zu gehen, bis wir die nächsten kleinen Häuser erreichen. Die erste Lodge ist ein einfaches Haus, mit einem schlechten Dach, durch das es hineinregnet.

Abends um etwa sieben Uhr wird es im Himalaja schon dunkel. Dann bricht eine lange Nacht an. Wir essen etwas Reis, setzen uns an die Feuerstelle, weil es abends kalt wird.

Am nächsten Morgen ziehen wir früh weiter. Jetzt ist es noch kühl, und wir kommen rasch vorwärts.

Der Weg ist anstrengend, es geht über zahlreiche Pässe. An einem Fluß machen wir halt, Maila wäscht seine Klamotten, und ich wasche mir die Haare. Das Wasser ist kalt und klar.

Über einen steilen Weg erreichen wir später endlich den Dschungel. Wieder regnet es. Nebel ziehen über die dichten Wälder. An den Bäumen klebt Moos, fremde Vögel zwitschern. Es ist so still, daß ich den Atem von Maila hören kann.
Manchmal bleiben wir einfach stehen und schauen in das undurchdringliche Dickicht. Die Landschaft ist märchenhaft schön, da sind ganze Lichtungen voll roter, blühender Bäume. Wir gehen wieder über einen steilen Paß.
Bevor es endgültig finster wird, kommen wir an eine kleine Hütte. Es ist kalt geworden, die Feuerstelle hat keinen Abzug, und die Decke ist schwarz vor Ruß. Wir essen und schlafen.
Es ist an einem Morgen. Wir befinden uns auf einem sehr steilen Weg mitten im Dschungel. Eine kleine Karawane geht mit uns, etwa fünf Träger. Maila fühlt sich heute nicht gut. Plötzlich stellt Maila meine Ausrüstung auf den Waldboden. Er hat sich mit einem anderen Träger geeinigt, der trägt meine Sachen weiter.
Das ist alles ganz schnell gegangen. Wenn mein Träger keine Lust mehr hat, kann ich nichts machen. Aber es fällt mir trotzdem schwer, als er jetzt so einfach dasteht und mich verlassen will. Gestern noch haben wir zusammen in einem Fluß gebadet, es war ein besonders anstrengender Tag, die Sonne hatte uns schwer zu schaffen gemacht. Im nächsten Moment dreht sich Maila um und geht. Schon bald kann ich ihn nicht mehr zwischen den wuchtigen Bäumen ausmachen.

Nun gehe ich mit dem kleinen Trägertrupp weiter. Sie schwatzen lustig und machen viele Pausen.
Gegen Abend kommen wir auf eine Paßhöhe und sehen Lukla auf der anderen Seite des Tales. Es ist schon dämmrig, als wir endlich die ersten Häuser von Lukla erreichen.
Das, was die Sherpas über meine Füße gesagt haben, bewahrheitet sich nun: Ich bekomme eine Infektion – im Bauch. Noch ist es nicht so schlimm, ich habe Durchfall.
Am nächsten Tag steigen wir bis Namche Bazaar. Es ist ein weiter, anstrengender Weg. Auch für die Sherpas.
Etwa eine halbe Stunde vor Namche Bazaar bekomme ich grauenhafte Schmerzen, ich kann kaum mehr einen Fuß vor den anderen setzen. Ich weiß, was es ist, weiß es von Expeditionen: eine handfeste Ruhr. Mir wird ganz schwindlig vor den Augen, und ich schleppe mich regelrecht weiter. Ich gehe in die erste Lodge, und die Einheimischen geben mir ein Pulver, aber es hilft nicht. Ich lege mich aufs Lager und komme nicht mehr auf die Beine. Eine nepalesische Frau schickt nach einem Arzt. Ich habe kurz geschlafen. Als ich wieder aufwache, steht ein Mann vor meinem Lager. Er hat eine einfache Jacke an, untersucht mich, der Arzt. Er gibt mir Medikamente, fühlt den Puls, gibt mir nochmals Tabletten. Bald fühle ich nichts mehr. Ich schwebe wie auf Wolken. Die ganze Familie hat sich um mein Lager versammelt, wacht und beobachtet mich. Der Arzt bleibt vorsichtshalber die ganze Nacht.
Am nächsten Morgen versuche ich vorsichtig auf die

Beine zu kommen. Es klappt ganz gut, und ich habe tatsächlich keine Schmerzen mehr. Aber mein Körper fühlt sich ganz taub an, das Penicillin macht sich noch bemerkbar.
Mittags bin ich soweit wieder fit. Mit einem neuen Sherpa verlasse ich bald darauf den kleinen Ort – Richtung Mount Everest.

»Eines Tages werde ich zurückkehren« – Der Everest

»Ich kann die Einsamkeit, welche ich in der Großstadt sehe, nur noch ahnen. Hier bin ich in der Schöpfung, bin ich Gott so nahe. Ich fühle mich so reich, alles hat einen tiefen Sinn. Ich begreife, warum ich geboren bin, warum mir Gott mein Leben geschenkt hat. Ich kann mich so stark mit der Landschaft identifizieren, daß es mir vorkommt, als wäre ich ein ganz anderes Wesen, als würde ich schweben, gleich einem Schmetterling«, schreibe ich in diesen Tagen in mein Tagebuch.
Wir kommen an Gebetsmühlen vorbei, die von dem herunterströmenden Wasser eines Gebirgsbaches angetrieben werden. Wie bei uns zu Hause die Mühlen.
Wir machen eine Pause, waschen unsere Gesichter. Dann betreten wir eine Lodge, ein einzeln stehendes Haus. Der Wind bläst, innen ist es zugig. Wir trinken Tee. Der alte Mann, der die Lodge betreibt, ist gesprächig, herzlich, fragt, wo wir hingehen. Er gehört zu jener Sorte Menschen, die man bei uns in Europa kaum noch trifft. Er zeigt so viel Wärme, so viel Anteilnahme, daß ich spontan an meine Eltern erinnert werde.

Er erzählt, daß kürzlich ein Expeditionsmitglied höhenkrank geworden sei. Man habe den Mann einfach auf ein Yak gebunden und in einem tagelangen Marsch hinuntergebracht. So einfach geht das in Nepal.
Ein wenig erinnert die zugige Hütte an ein einsam in der Wildnis stehendes Indianercamp. Wenn ich nicht ganz sicher wäre, daß ich im Himalaja bin, könnte ich mich gut im Wilden Westen irgendwo auf der freien Prärie befinden. Das Land strahlt so eine seltsame Melancholie aus, daß es mich bis in die Seele trifft.
Einige Stunden später sind wir in Thangboche. Hier befindet sich ein Kloster. Wir stellen unser Gepäck in eine Lodge und gehen ins Freie. Harmonie und Frieden scheinen hier zu Hause zu sein.
Über Treppen gehe ich hinauf ins Kloster. Gebetsfahnen singen im Wind. Die Mönche sind gleichmütig und gütig und sehr humorvoll. Wir bekommen ein Lager zugewiesen.
Neben der Lodge ist ein winziger Raum, dessen Tür die Aufschrift »HOT SHOWER« trägt, heiße Dusche. Wie gerne nehme ich die Gelegenheit wahr, mich zu duschen! Denn ich habe mich etliche Tage nicht waschen können.
Als ich mich ausgezogen habe, erschrecke ich erst mal, denn das, was im Spiegelbild vor mir steht, ist ein dürres Knochengerippe. Mit mir hat es nicht mehr viel gemein.
Doch merkwürdigerweise fühle ich mich nicht schwach oder krank. Im Gegenteil, die Wärme und Güte der Menschen, die Schönheit der Berge und zu-

letzt die Höhe machen mich zu einem ausgeglichenen, glücklichen, zufriedenen Wesen.
Als ich das Wasser aufdrehen will, kommt kein Wasser. Also, doch nichts mit der Erfrischung.
Schnell ziehe ich mich wieder an, gehe in die Küche zu den Mönchen und erzähle ihnen von meinem Anliegen. Ein großer Mann in einem dunkelroten Mönchsgewand lächelt verständnisvoll. Er gießt in einen Eimer warmes Wasser und sagt mir, ich solle ihm folgen. Er pumpt das mitgebrachte Wasser mit einer Fußpumpe in die Schlauchleitungen, aus denen hier die Installation besteht, und dreht dann prüfend den Hahn auf.
Es funktioniert. Ich ziehe mich wieder aus und stelle mich unter die Dusche. Herrlich.
Zurück in meinem Raum, sehe ich rechts, wenn ich zum Fenster hinausschaue, den Ama Dablam, den heiligen Berg. Er sieht steil und unbezwingbar aus.
Mein Blick geht in die Ferne. Da ist der Lhotse. Und, dicht bei ihm, der – Everest. Ich bin wie hypnotisiert.
Als es Abend wird, wechselt das Licht. Jetzt ist das ganze vom Everest beherrschte Massiv nur noch eine Silhouette, die Konturen verschwinden.
Ich freue mich wie an Weihnachten auf ein schönes Geschenk. Nur noch einige Tage, dann bin ich da. Ich kann es fast nicht glauben.
In der Nacht wird es kalt, doch das Wetter bleibt gut. Um sechs sind wir schon wieder auf den Beinen.
Im Kloster oben ist es noch ganz still, und alle scheinen zu schlafen. Wir essen Joghurt, der von der Milch der Yaks gewonnen wird. Er schmeckt ausgezeichnet.

Der Ama Dablam liegt noch im tiefen Schatten, am Lhotse strahlt das erste Licht, als wir aufbrechen. Noch einmal blicken wir zurück auf das so beeindruckende Kloster. Fast möchte ich dableiben, möchte mich in diesen Mauern ausruhen, Glück und Geborgenheit finden, doch meine Neugierde treibt mich weiter. Ich werde auf jeden Fall auf dem Rückweg wieder hier vorbeikommen!

Über eine schwankende Hängebrücke geht es über einen reißenden Fluß. Bald sehen wir Thangboche nur noch als kleine Festung hoch über einem Berg stehen. Wir kommen schnell voran. Nach Stunden kommen wir auf ein Hochplateau. Hier scheint die Welt zu Ende zu sein. Wind fällt auf allen Seiten ein, Gebetsfahnen flattern gespenstisch in der dünnen, weißen Luft. Hin und wieder sehen wir ein Yak, das geruhsam in einer Mulde dürre Stengel abfrißt.

Wir kommen höher. Da stehen einige Hütten in der freien Landschaft, Periche. Wir machen Pause.

Es gibt eine Diskussion. Mein Träger möchte ein, zwei Tage hierbleiben. Er warnt mich davor, zu schnell aufzusteigen, wegen der Höhenkrankheit.

Doch ich fühle mich gut, und so gehen wir etliche Stunden später weiter. Die Gegend wird kahl und öd. Kein Strauch, kein Baum. Wenn ich stehenbleibe oder in die Unendlichkeit hineinlaufe, ist mir, als wäre ich auf einem anderen Stern. Nichts rührt sich, nur der Wind singt sein wildes Lied.

Als wir stehenbleiben, ausruhen, steht unmittelbar vor uns eine grausig senkrechte, in den Himmel wachsende

Wand. Oben verhüllen dunkle Wolken den Gipfel. Rechts taucht der Everest auf, von hier aus scheint er fast freundlich, leicht.

An einer Bergwand sind merkwürdige Zeichen eingemeißelt. Es gibt Menschen, die behaupten, hier seien einst Außerirdische gelandet und hätten an diesem Felsen ihre Zeichen hinterlassen. Ich kann mir das im Moment gut vorstellen. Wo sonst ist die Welt einsamer und öder als hier am Everest?

Die Höhe macht sich bemerkbar. Es scheint, als schwebe man, und die Luft ist anders, die Welt scheint durchsichtig zu sein, ganz glasig.

Wir erreichen Lobusche, einige zugige Hütten. Hier gibt es wieder Yaks, sie fühlen sich in diesen Höhen sehr wohl, das ist ihr Lebensraum.

Später sitzen wir an der Feuerstelle und schauen durch das Fenster auf die Berge. Alles scheint unwirtlich, kalt, menschenfeindlich. Ich habe das Gefühl, daß ich hier auf die nackte Existenz zurückgeworfen werde.

In der winzigen Küche stehen Konservendosen, die von früheren Everest-Expeditionen zurückgelassen wurden. Um die Hütte liegen Aluminiumleitern, die zur Überbrückung des Khumbu benützt worden sind. Die meisten davon sind kaputt. Sprossen fehlen, oder sie sind so verbogen, daß man sie nicht mehr benützen kann.

Als wir am nächsten Morgen weiterziehen, ist das Fell der Yaks voll mit Rauhreif, außerdem hat es ein wenig geschneit in der Nacht. Doch den Yaks scheint das nichts auszumachen, sie fressen, ziehen gleichmütig hin und her.

Während wir hochsteigen über große Moränenblöcke, denke ich an meinen Freund und wünsche mir, daß ich nicht allein hier wäre. Ich wollte, wir würden uns endlich verstehen. Zugleich verzeihe ich ihm alles, ich finde so viel Verständnis für ihn.
Doch dann kommt irgendwo ganz aus der Ferne eine blonde, blauäugige Frau, jemand, den ich schon lange kenne, den ich immer gekannt habe, in meiner Kindheit war sie für mich eine Göttin. Das Gefühl für meinen Freund erlischt, meine Mutter tritt an seine Stelle. Sie gibt mir Stärke, Hoffnung und Kraft, sie wird mich nie verlassen. Ich kenne sie länger als sonst ein Lebewesen auf dieser Erde. Sie wird immer für mich dasein, für mich, ihr Kind.
Nebel ist eingefallen, und es beginnt zu stürmen und zu schneien. Schneeweiße Eiskegel ragen gespenstisch in den Himmel.
Mein Träger steht schlotternd an einem großen Moränenstein und versucht Schutz zu finden vor der plötzlich hereinfallenden Kälte. Ich gebe ihm warme Sachen. Spielerisch findet er den Weg durch dieses Eislabyrinth. Alles sieht jetzt gleich aus im Nebel. Wir gehen und gehen. Unsere Gesichter sind mit Eis überzogen. Die riesigen Berge sind versteckt hinter einem Nebelschleier. Plötzlich sehen wir bunte Zelte in der trostlosen Einöde, sie stehen auf einer kleinen Anhöhe. Das Basislager!
Erleichtert gehen wir die letzten Meter hinauf.
Ich schlage mein Zelt etwa hundert Meter von der amerikanischen Expedition entfernt auf.

Es schneit, und trotz der Einsamkeit liegt etwas Tröstendes in der Luft. Es ist, als kehrte ich nach langen Irrungen zu mir selbst und nach Hause zurück.
In meinem Kopf spuken zwei Geister. Zum einen meine Mutter und dann die Seele meines Freundes. Einmal taucht der eine auf, dann der andere, zwischendrin die Yaks, wie sie heute morgen mit den Zähnen geknirscht haben, so als würden sie miteinander reden.
In der Nacht schlafe ich schlecht. Ich habe Kopfschmerzen. Plötzlich wache ich auf, ein seltsames Geräusch. Jemand geht über eine Treppe, über einen harten Boden. Obwohl ich genau weiß, daß es hier keine Treppen gibt, ist das Geräusch so real, daß ich keinen Augenblick daran zweifle.
Es ist ein Mann, ein Bergsteiger. Obwohl es dunkel ist, sehe ich das Gesicht genau vor mir. Es ist grau und alt, seine Augen sind wie tot.
Er ist genau wie die Gegend hier, wie diese Landschaft, öde und ohne Leben. Ich habe plötzlich Angst, daß mein Zelt aufgerissen wird und dieser Mann hereinkommt.
Ich liege zur Bewegungslosigkeit erstarrt und friere. Manchmal kracht es im Khumbu-Gletscher, und ich weiß, daß wieder Lawinen herunterdonnern.
Der fremde Mann ist ganz deutlich neben mir, irgendwo in meiner Nähe, auf den grauen Steinen. Er friert nicht und hat auch sonst keinerlei Empfindungen mehr. Er ist wie die Elemente da draußen, kalt, fremd. Aber er hilft mir: meine Kopfschmerzen sind weg!

Er ist da, doch ist er längst nicht mehr unter den Lebenden, Leidenden.

Der Morgen bricht an. Es ist eiskalt. Die ganze Nacht hat es geschneit. In meinem Zelt ist Rauhreif, ich friere entsetzlich.
Ich schaue mich suchend um, doch da ist nichts mehr, nichts deutet auf die nächtliche Begegnung. Alles hat sich in Luft aufgelöst. Um mich herum sind nur Berge und Eistürme.
Sehnsüchtig starre ich auf den Khumbu-Eisfall, während sich das Zelt bäumt und plustert im Wind.
Und da steht der Mount Everest. Nur langsam kann ich begreifen, daß meine Reise hier zu Ende ist. Ich habe mir alles so gut ausgemalt, hatte mir gedacht, daß ich bei den Amis mitgehen könnte. Doch gestern hat mir ein nepalesischer Begleitoffizier sehr deutlich gesagt, daß ich mangels eines Permits nicht weiter dürfe.
Auf fünftausenddreihundert Meter ist meine »Reise« zu Ende. Wie sehr habe ich mir gewünscht, hier weiterzugehen, immer weiter und weiter, dem Himmel immer näher.
Ich weine, weil ich in diesem Moment begreife, daß es aus für mich ist, daß ich zurück muß. Der Traum ist zu Ende.
Verzweiflung packt mich. Waren denn alle Mühen, alle Strapazen umsonst? Darf das sein?
Das Zelt schimmert innen gelb. Die Sonne will nicht kommen, und es bleibt immer noch sehr kalt. Ich werde also umkehren, und das nach monatelangen Mühen,

Krankheit und Einsamkeit. Meine Tränen verleihen mir Kraft und Trotz. Ich werde es euch schon zeigen, daß ich gut damit fertig werde!
Als die Sonne über den Everest scheint und die Eiskristalle in tausend Lichtern blinken, verlasse ich meinen Zeltplatz.
Ich werde bestimmt wieder zurückkommen! Irgendwann, wenn mich das Schicksal zurückholt, wenn mich der Everest wieder ruft.
Wieder fängt es zu schneien an.
Es ist, als wäre eine lange Zeit vergangen zwischen gestern und heute. Dabei ist es nur ein Tag, eine einzige Nacht. Mir ist, als wären Tage, Wochen, Monate dazwischen. Und jetzt, an diesem eisigen Morgen, nach dieser merkwürdigen Nacht, in diesem Moment steigt die Wut in mir hoch. Ich hasse plötzlich diese Seite von Nepal, die geldgierige. Warum, in drei Teufels Namen, muß man für diesen blöden Berg auch noch bezahlen, sich eine bescheuerte Genehmigung besorgen? Das gibt es nicht einmal in unserem kapitalistischen Westen. Da sind die Berge frei.
Ja, frei! Hier werden sie vermarktet. Hier sind sie gesperrt für den, der nicht für sie zahlen will!
Everest – der Berg meiner Sehnsucht. Nepal – das Land meiner Sehnsucht? Hat etwa ein König von Nepal diese Berge aufstellen lassen?
Sie sind ein Geschenk Gottes, der Natur, an dieses Land. In der Tertiärzeit gefaltete, gehobene, übereinandergeschobene Sedimente auf einem Sockel von Granit und Gneis. Ein Naturereignis.

Aber sie kassieren dafür, schicken Offiziere als Kassierer. Sie verkaufen Permits, aber sie lassen den Dreck liegen. Verbogene Leitern, leere Konservendosen!
Immer mehr sehe ich die negativen Seiten. Plötzlich kommt mir alles primitiv, schmutzig, unterentwickelt vor. Ich sehne mich zurück. Fort von hier, fort von dieser Enttäuschung, die ich mir nicht selbst bereitet habe!
Ich bin sicher, ich hätte es geschafft, zusammen mit diesen Amerikanern. Nicht an mir bin ich gescheitert, sondern an diesem Kontrolloffizier, an der Habgier dieses Landes.
Ich will nur eines, so schnell wie möglich zurück.

Im Schneesturm erreiche ich Gorashep, eine armselige, zugige Hütte.
Eigentlich bin ich froh, daß ich nicht mehr in dem eiskalten Base Camp übernachten muß. Langsam beruhige ich mich wieder, die Schönheit, die Ruhe dieses faszinierenden Landes nehmen wieder überhand. Ich trinke einen Tee, esse Reis und Kartoffeln.
Nachmittags gehe ich über die verschneiten Pfade zurück nach Lobusche. Ein Träger begleitet mich, findet schlafwandlerisch den Weg, obwohl jetzt im Schneesturm alles gleich aussieht. Der Weg ist rutschig, und der Träger hat nur Turnschuhe an. Manchmal rutscht er, und es wirft ihn auf den Hosenboden. Das sieht so drollig aus, er lacht jedesmal, und ich lache auch. Schon kann ich wieder lachen!
In Lobusche sitze ich am Feuer bei den Einheimischen, die es seit Jahren hier oben aushalten. Es ändert sich

hier oben nicht viel. Die wenigen Menschen, die hier leben, werden in zehn Jahren immer noch gleich zufrieden hier hausen.

Am nächsten Morgen ist das Wetter schön. Mein Gepäck wird auf den Rücken von Yaks gebunden, und ich mache mich auf den Weg.

Die Yaks gehen zunächst gleichmäßig wie immer ihrer Wege. Ihre Treiberin, eine junge Nepalesin, begleitet mich. An besonders schwierigen Stellen, wenn die Yaks nicht weitergehen wollen, pfeift sie beruhigend, die Yaks scheinen sehr sensibel zu sein. Nach einiger Zeit gehen sie weiter.

Dann plötzlich passiert es. Vor einer schwankenden Brücke bleiben die Yaks stehen und schütteln wie auf Verabredung die Köpfe.

Klar, sie wollen nicht über das laut tosende Wasser gehen.

Die Treiberin rennt schnell auf die andere Seite und wartet. Offensichtlich glaubt sie, daß die Tiere ihrem Beispiel folgen. Tun sie aber nicht. Sie stehen bei mir und schütteln die Köpfe.

Sie pfeift, um die Tiere zum Gehen zu bewegen. Doch die rühren sich nicht, tun höchstens mal einen zögernden Schritt nach vorn, dann wieder zurück.

So geht es einige Minuten lang. Schließlich kommt die Treiberin zurück, spricht leise auf den Yak ein, der vielleicht das Leittier der Herde ist. Und das nickt plötzlich mit dem Kopf.

Das Wunder geschieht: Die Yaks setzen sich in Bewegung. Sichtlich widerwillig überqueren sie im

Schneckentempo die schwankende Brücke. Als sie alle wohlbehalten auf der anderen Seite ankommen, atme ich auf.
Naß und durchgefroren kommen wir am Nachmittag zum Kloster Thangboche. Es sieht völlig anders aus in dieser Winterlandschaft. Doch die Mönche sind immer noch gleich freundlich. Aber ich habe mich verändert. Ich sehe auch hier alles mit anderen Augen. Es ist nicht mehr so wie beim ersten Mal, ich kenne das schon alles. Da ist nicht mehr diese Spannung, diese Vorfreude in mir. Der Ama Dablam steht in schnell dahinziehenden grauen Wolken und sieht dadurch noch unbezwingbarer aus.
Durch die dünnen Bretterwände zieht der Wind. Ich bin so durchnäßt und durchgefroren, daß ich mich sofort in den Schlafsack hülle, da bin ich geborgen, da ist es endlich warm.
Am nächsten Morgen gehe ich mit einem Träger weiter, nachdem ich meiner Yaktreiberin gesagt habe, daß ich nicht mehr mit ihr gehen will, daß ich es leid sei, immer diesen wild gewordenen Yaks nachzurennen und sie wieder einzufangen.
Wir kommen allmählich tiefer. Da sind wieder Rhododendronbäume und bunte Blumen. Doch ich habe keine Augen mehr dafür. Ich will nur noch zurück, ich habe die Nase voll und rechne mir die Tage aus, die ich noch für den Rückmarsch brauche.
Auch in Namche ist es kühl, und ich bin bei der Ankunft wieder so durchgefroren, daß ich mich auch hier sofort in den Schlafsack verkrieche.

Der Wind pfeift durch die Ritzen der Balken, während ich vor mich hin döse.
Ich habe die Nase tatsächlich voll. Ich wünsche mir, in ein normales Café in Europa zu gehen, ich wünsche mir, alles essen zu können, worauf ich Lust habe. Ich stelle mir vor, was ich alles essen will, Erdbeeren, Eis, einen ganzen Berg Sahne, ein Stück Tiroler Speck, eine Tafel Schokolade, ein ganz normales Wurstbrot, ein Schnitzel ... Ich stelle mir das so bildlich vor, daß ich ganz krank werde. Ich weiß nämlich, was ich jetzt gleich bekommen werde. Reis. Kartoffeln. Dieses ewige Gemüse.
Genauso kommt es. Nein, ich mag nicht mehr ...
Am nächsten Tag gehen wir lange. Ich habe einen kleinen, aber sehr kräftigen Träger gefunden. Einen, der so aussieht, als würde er nicht unterwegs schlappmachen, Angst vor Räubern, Tigern und Geistern bekommen.
Wir laufen und laufen, und nach einem steilen Gegenanstieg erreichen wir endlich das ersehnte Lukla. Es gießt in Strömen. Ich gehe in die Lodge, die ich beim Hermarsch auch gehabt habe, esse Kartoffeln, Nudeln und Reis. Wieder einmal, aber diesmal habe ich einen ungeheuren Heißhunger.
Am nächsten Tag geht es zurück nach Katmandu. Aufgeregt mache ich mich auf den Weg zum »Flugplatz« von Lukla. Wenn schlechtes Wetter ist, landet hier keine Maschine. Manchmal geht das tagelang. Wenn man das nicht abwarten will oder kann, bleibt einem nichts anderes übrig, als gut zwölf Tage lang den Weg zurück nach Katmandu zu laufen, über zahl-

lose Päße und enge, glitschige Pfade am Rande tiefer Schluchten.
Nein, nur das nicht!
Mein Träger ist mitgekommen zum Landeplatz. Wir werden in einem kleinen Häuschen, das aussieht wie ein wackliges Strandhäuschen, mit dem Gepäck abgefertigt. Dann stehen wir auf der Wiese in der kühlen Frische des Morgens und warten. Wolken treiben immer noch über den Himmel. Erste Sonnenstrahlen dringen durch die Wolkenbänke. Da ist ein Motorengeräusch in der Luft, kurz darauf schwebt ein weißer Vogel in der Luft. Das Flugzeug. Ich juble.
Dann steige ich ein, mein Kopf schwirrt. Der Träger geht und blickt nicht mal mehr zurück. Er verschwindet einfach hinter dem wackligen Abfertigungshäuschen.
Angespannt sitze ich auf meinem Sitz und wage kaum, mich zu bewegen. Die Maschine ist so klein, und das Land, das sie überfliegt, so unendlich weit!
Den ganzen Weg, den ich zum Everest zurückgelegt habe, sehe ich jetzt von oben. Unendlich viele Pässe schlängeln sich durch die unendlichen Wälder, dazwischen einige Flüsse, manchmal ein Haus oder einzelne Häuser.
Noch ist mir nicht so richtig bewußt, daß ich tatsächlich zurückfliege, ich erlebe alles in Trance.
Allmählich wird mir alles klar, und ich fühle mich zum erstenmal verloren, ausgesetzt. Ich habe den Everest verlassen, der erste Schmerz zieht in mein Herz.
Als die ersten Häuser von Katmandu auftauchen, wird

mir ganz schwindlig, und als das Flugzeug schließlich landet, bin ich kaum in der Lage, mich auf den Beinen zu halten.
Wie im Traum verlasse ich den Flugplatz, raffe meine Ausrüstung, die ziemlich vergammelt wirkt, zusammen und schaue nach einem Taxi.
Dann bin ich zurück in meiner kleinen Lodge im Thamel. Da sind Autos, und da sind wieder die Rikschas, die Tempel. Das alles kommt so schnell auf mich zu, daß ich es kaum registrieren und richtig verarbeiten kann.
Ich gehe in ein Restaurant und bestelle mir das heißersehnte Müsli. Dann nehme ich mir eine Zeitung zur Hand, doch ich bin nicht in der Lage, das, was ich vor mir sehe, richtig zu lesen und zu verarbeiten.
Mir wird schlecht vom Essen, und ich gehe schnell auf mein Zimmer. Ich liege auf dem Bett und schaue auf die Decke. Dumpf dringen die Geräusche der Straße in mein Zimmer. Ich habe das Gefühl, daß ich dem Himmel nahe war, da oben in Schnee und Eis.
Einige Tage später beschäftige ich mich mit meinem Rückflug nach Deutschland und muß zu meinem Entsetzen feststellen, daß ich nicht mehr genügend Geld habe. Der Rückflug kostet eintausendfünfhundert DM.
Jetzt bleibt mir nichts anderes übrig, als meine Ausrüstung zu verkaufen. Ich probiere es als erstes mit der Sonnenbrille, und bekomme auch einen guten Preis dafür. Dann verkaufe ich Handschuhe und Socken und Schuhe.

Ich gehe von einem Händler zum anderen. Jeder will mich im Preis drücken. Doch ich bleibe hart, handle auf Teufel komm raus.
In Katmandu gibt es alles, was ich oben in den Bergen so lange vermißt habe. Da gibt es zehn verschiedene Sorten von Kuchen und sogar Eis. Ich stürze mich auf die leckeren Kuchen und das lang vermißte Eis.
Jetzt lerne ich auch die Stadt kennen. Ich streune durch die Straßen, besuche Tempel, manchmal gehe ich auf die Post, da ich immer hoffe, von zu Hause etwas zu hören.
Die Briefe liegen hier alle durcheinander in einem riesigen Kasten. Jeder hat Zutritt zu dem Postkasten, man muß sich die Briefe selbst raussuchen. Doch sooft ich auch nachsehe, für mich ist niemals was dabei.
Schließlich muß ich mich von meinem geliebten Zelt trennen, um das Geld für das Ticket zusammenzubringen.
Der Tag ist strahlend, als ich das Thamel verlasse. Freunde sind gekommen, um sich zu verabschieden. Ich muß versprechen, bald wiederzukommen.
Am Flughafen ist es heiß, wie bei meiner Ankunft. Dann sitze ich in der Maschine, und es geht zurück in meine Heimat.
Zwei Monate sind seit meinem Abflug vergangen, und ich weiß nicht, was mich in Deutschland erwartet.
Ich weiß nur, daß ich eines Tages zurückkehren werde.

HEYNE SACHBUCH

Frauen-Leben
in Vergangenheit,
Gegenwart und
Zukunft

19/20

19/67

19/115

19/106

19/121

19/147

19/18

19/136

Wilhelm Heyne Verlag München

HEYNE SACHBUCH

Große Autoren und ihre Sachbuch-Klassiker

19/109

19/158

19/102

19/155

19/98

19/16

19/9

19/73

Wilhelm Heyne Verlag München

HEYNE SACHBUCH

Magie und Mythos –
Geheimnisvolle
Verbindungen
zwischen
Vergangenheit,
Gegenwart
und Zukunft

19/51

19/56

19/38

19/72

19/81

19/132

19/54

19/139

Wilhelm Heyne Verlag München

HEYNE SACHBUCH

Lebenskonzepte –
Lebenshilfe –
Lebensplanung

19/41

19/74

19/86

17/25

19/63

19/19

19/15

19/110

Wilhelm Heyne Verlag München

Ein Held der Eiswüste menschlich – packend – überwältigend

Packende Expeditionsberichte und Liebeserklärung an den hohen Norden in einem! Mitreißende, hautnahe Erlebnisschilderungen, Fahrten auf Leben und Tod, einmalige Fotodokumente ergeben ein Buch, das vor Abenteuern förmlich knistert.

Herbig